不能
沒有父母

父母不是你無法獨立的理由，
成功脫離依賴，解開束縛，重建健康的愛與連結

珊卓拉・康拉德 著
Sandra Konrad
楊婷湞 譯

Nicht ohne meine Eltern

Wie gesunde Ablösung all unsere Beziehungen verbessert

目錄

前言 008

引言 012

生命中最難的課題

第1章

和父母好好說再見是什麼？又該怎麼做？ 017

與父母分離的步驟

離不開家的人

堅持經濟獨立

伴侶的選擇——討人厭的外來者還是受歡迎的潤滑劑？

獨立過程必有拉扯

第2章
父母的期望和職責？我真的做了什麼愧對父母的事嗎？ 057
在責任和歉疚感之間
辨別和拒絕不當的命令
我還能給父母什麼？

第3章
沒有實現的兒時願望：父母還欠我什麼？ 105
我對父母還有哪些期待？
如何放下虛幻的期待
接受現實，拿回主控權

第4章
用大人的眼光看父母 135
說出過去與現在發生的事
手足紛爭的導火線

患有心理疾病父母的孩子為什麼分裂和沉默
在我們之前發生的事——父母留下的情感遺產
貼近觀察，將父母視為一個整體

第5章 找到內在平靜 185

我們一定要原諒父母嗎？
同理自己，同理他人
新的規則、新的界線、新的角色——打造當下的人生
父母不想罷手怎麼辦？
父母不在了以後——與失去和解放共存

第6章 如果我還是需要好父母呢？做自己的好媽媽、好爸爸 245

照顧自己的基本課程
承擔責任——成為成熟大人的關鍵

結語
為什麼獨立能改變我們的人際關係，包括與父母的關係 288
感言 292

成為成熟大人就和拉丁語 *Ave atque vale*（問候和再見）一樣，有開始也有結束，除了迎接自己新生，其實也是漫長的告別旅程。

——詹姆斯・伍德（James Wood），《紐約上州》（*Upstate*）

覺醒的人要做的事只有這一件：尋找自己，堅持自己，摸索自己的前進道路，無論它將通往何方。

——赫曼・赫塞（Hermann Hesse），《彷徨少年時》（*Demian*）

前言

在父母的面前我就像個小孩子，常常被各種情緒淹沒。

父母是我的責任。

我對父母很失望，因為他們始終不是我想像中的父母。

我們之間沒有界線。

我必須成為他們的驕傲。

向他們透露自己真實的感受，我根本做不到。

父母最清楚什麼對我有利。

我知道怎麼做對他們最好。

與父母相處對我來說是苦差事，即便如此，我仍要求自己固定與他們碰面。

我不再和父母聯繫，因為他們對不起我。

無法滿足父母讓我總是心懷愧疚。

和他們的關係是一場絕世抗爭。

我是受害者，他們是凶手，搗毀了我生活。
我期待他們認同我所有的決定，否則我會難過。
就算我告訴他們自己小時候被傷害得有多深，他們也絕對不會向我道歉。
我必須不斷在父母面前捍衛自己。
我不能說出或做出任何一點傷害他們的事。
父母是我在人際關係中的主要爭執點。
他們的感受和需要總是比我自己的還重要。
讓人難以忍受的是，我的父母並不了解我。
如果我順應自己的心過生活就可能失去父母的歡心。
我不想讓他們受苦，能讓他們快樂的事，我會竭盡所能完成。
我無法心平氣和地與父母交流內心的想法。
我常常想向他們證明自己是對的。
我希望父母最終能變成我所渴望的樣子，而且遲遲無法放下這執念。
我的所做所為始終和父母的願望背道而馳。
我不做任何會讓父母不開心的決定。
我和父母之間懸而未解之題，成了我與他人關係之中的爭執點。

我害怕知道父母的反應，所以閉口不談生活裡的大事。

如果父母不在人世了該有多好，我恨他們。

如果父母不在了，我也會失去活下去的勇氣和喜悅。

如果你也認同上述任何一句話，表示你仍然糾結著自己與父母的關係，還沒有辦法澈底放下。

這本書正是為你而寫：書中將告訴你，一個人的成熟度會如何影響自身的（人際關係）生活，並且特別為你指出解開糾結的道路。你的個人蛻變將置於首位，你的家庭關係並不會因此蒙上陰影。

這本書無法取代心理治療，但是能幫助你更認識自己、了解父母和你的互動關係，幫助你擺脫愧疚感、憤怒和失望。每一個章節會帶你反思、重新定位自己，並且和父母（包含你身邊的人）建立起更成熟的關係，是這本書最想要達成的目標。

我診間裡的個案故事[1]訴說著脫離父母成為成熟大人過程中的難題是如何形成的，要怎麼克服這些難題。你可能會在某幾個案例中看見自己的身影，甚至挑起你難過或憤怒的情緒。請不要擔心！正因為我們有所感才會出現情緒。在理想的情況下，感受會引發行動，並朝著對我們有益的方向前進。

離開父母獨立是一段漫長的過程。有時會進展神速，但多數時候是一步步地推進。我祝福你在這條路上能認識自己、保持勇氣，並給自己無比的耐心。

我希望你鼓起勇氣擺脫種種束縛；因為，離開父母並不代表愛變少了，而是能用更成熟的方式去愛。

即使獨立了，也不會斷了與家的連結。每個人都可以。

桑德拉．康拉德（Sandra Konrad），二〇二三年寫於漢堡

1 所有案例皆經過匿名及改寫，以確保當事人身分絕對保密。

引言

媽媽，妳擁有過我，我卻不曾擁有妳；
我想要妳，妳卻不想要；
於是我只能跟你說：再見，再見。
爸爸，你離開了我，但我卻一直在你身邊；
我需要你，你卻不需要我；
於是我只能跟你說：再見，再見。

——約翰・藍儂（John Lennon），〈母親〉（Mother）

生命中最難的課題

藍儂三十歲時發表了〈母親〉這首歌，藉此向自己的父母喊話並向他們道別，理由聽來令人心碎：「許多人認為這是一首關於我父母的歌，但這首歌說的是百分之九十九還在世或如同行屍走肉般活著的父母。」

當然，藍儂誇大了百分之九十九的母親不想要自己的孩子，百分之九十九的父親拋棄自己的孩子；不過他也低估了一件事，向父母道別是**每個孩子**的功課。

對大多數人來說，離開父母很難。在這件事情上，許多人能做的很有限，而且往往對自己的生活產生劇烈影響，特別是他們仍受制於不合理的要求或被有毒的父母箝制，或是他們一生都在渴望理想的父母，希望卻一次次落空。

這裡說的告別並不是指在父母臨終前所說的話，而是透過大大小小的步驟剪斷與父母之間的臍帶，無論他們活著或已不在人世。簡單來說，就是活出自己的人生，變得越來越自主，隨著年歲增長越來越獨立，能替自己做出決定，這是我說的告別父母。然而，並不是人人都能做到。許多人覺得被束縛，無法擺脫父母的期望。每當他們不像個乖孩子，聽從父母的指示選擇工作、挑選另一半、決定性別或政治傾向，甚至讓父母決定穿著打扮與生活方式，他們會被愧疚感折磨。當事人往往不自知，在父母指定的人生規畫中苦苦掙扎。因為他們應該要實現父母未盡的夢想，因為他們不能過得比父母更好，這些人扮演著延續父母人生的角色。

告別父母，意味著放下父母的期待和要求，不受他們的意見左右才能完全走出自己的路。聽起來很理性又簡單的事，卻引發許多家庭衝突。父母毫不掩飾地展現出擔心孩子、不滿意孩子的人生；某些成年子女受不了父母的批評，當自己的決定沒有得到父母認可，他們憤怒、委屈也感到受傷。有些人的心中因此衍生出強烈的自責感，有些人擔憂失去父母的愛，於是傾向跟隨父母的標準生活，還有人一輩子和父母抗衡，人生羅盤永遠指往相反的方向。

不過，告別父母不僅僅是拒絕不合理或是難以承受的要求，還要檢視自己對父母的期待，並且和他們說再見。

許多孩子終其一生在父母身上尋求不可能獲得的東西：無條件的愛、溫暖的情感、對自己的關注和認同。我們在襁褓時雖然依賴父母，但做為成年人，我們能夠照顧自己，打造自己想要的人生。因此，告別父母也代表著放下對理想父母的渴望。要放下這個念頭十分痛苦，許多人情願一生追逐不存在的父母，也不願意接受現實的不完美，始終盼望著奇蹟會出現。

其實，告別父母是我們成為成熟大人的轉捩點：只要我們不再要求父母做一些他們根本辦不到的事。這是條荊棘之路，因為我們要痛心面對一直以來試圖否認、粉飾或逃避的事；要覺察我們童年時沒有被滿足的經驗，並且為之哀悼（或許是你的第一次）；看見父母真實的模樣，即便不解，也要認清他們過去和現在都無法好好照顧我們，原因通常是他們也有相同（未被滿足）的經驗。不過，說起來輕鬆做起來卻不容易，童年時期經歷的情感匱乏越多，我們想要填滿的空虛感也更大。

許多人逃避面對這件事，停留在「如果……就會……」的想像裡，於是從沒有機會真正了解父母本來的模樣，永遠無法獲得情感的滋養，因為他們拒絕接受不完美的父母，寧願抱著希望，總有一天他們一定會成為一百分的父母。

這種渴望會帶來兩個問題：第一，我們不斷給予父母讓我們失望的權力，第二，我們無法接納和消化對父母的失望情緒，因此常常連帶波及到與他人的關係：過去父母無法給予無條件的愛，現在就應該由伴侶來達成。未能與父母分離會阻礙每一段成熟、健康的愛情。最糟的情況是，我們的孩子必須像我們的父母一樣，向我們證明他們的愛，而不是我們向孩子表現愛，最後受傷的將會是孩子。不合理的要求和不健康的家庭糾葛將會一代又一代延續下去。

這本書談的是所有人都會面臨的人生課題：好好地與父母說再見。這樣的道別並不意味失去，而是獲得替人生做主的機會，為自己的大小決定負起責任，不再只是為了迎合父母的期待。

在許多情況下，在情緒上與父母切割不代表要切斷往來；相反的，這麼做能與他們建立比過去更好的關係，不講求輩分、沒有依賴感或內疚感，而是一段對等的關係。

此外，剪開與父母之間的依附關係時，最重要的不是與他們建立新的關係，而是與自己建立起愛的連結。

第1章

個體化代表成為獨立的存在，只要我們把個性理解為我們內心深處、最終的和獨一無二的特性，我們就成為了我們自己。因此，「個體化」也可以說是「成為自己」或「自我實現」的過程。

——分析心理學創始人卡爾・榮格（C.G. Jung）

和父母好好說再見是什麼？又該怎麼做？

「我要澈底離開媽媽，不管她再怎麼貶低我和傷害我，我都不必再因此生氣了。」我問三十二歲的諾米來做治療的目的，她這麼回答。

澈底離開——這不是每個人的心願嗎？不過諾米和許多人一樣，認為澈底離開就是對各種攻擊感到麻木甚至委曲求全，也就是冷漠無感並且把自己武裝起來，這麼做也意味著承受一切怒罵、不為自己辯護、默默地忍受傷害。

好好地離開父母恰好相反，你要理解自己的感受，並且能與他人連結，這麼做才能溝通並畫出彼此的界線。心理學家將這種能力稱為「自我分化」[2]。不憎恨或是一味犧牲自我、服從父母的束縛，而是放過自己，讓自己有能力選擇原諒、拒絕以及放下執著，這才是所謂好好地離開父母。

這件事無法一步到位，也不是做一次決定就能辦到，脫離的旅程十分漫長，往往要走上一輩子。某些路段能輕鬆前進，有些地方崎嶇難行，還有一些甚至彷彿難以跨越。但我跟你保證，在旅途中你的視野將更寬闊，擁有喘息的空間，因此可以用旁觀者的角度觀察許多事物，看事情也更清晰。

世界上最自然的事就是長大，並且絕非易事，成長的路上少不了傷痛，並且是心理成熟的過程中不可或缺的一部分。

「我是誰？這是我想要的嗎？我做對了嗎？別人會不會因為我選擇自己的路就不愛我了？」我們都問過自己這些存在意義的問題。當我們知道，這些問題只能由自己來回答時，我們才是自由的。因為自由代表承擔責任，為自己的感受、需求、願望和夢想，也為自己的人生負責。

與父母分離的步驟

長大聽起來很容易，似乎只要依循一定的步驟：成年、考駕照、搬出家裡、接受職業訓練或讀大學，然後我們或多或少要承擔工作上的責任，找到好的伴侶，或許生幾個孩子，我們就這樣長大了。

但是長大到底是什麼？代表我們離開父母了嗎？

2 情感成熟獨立的人具有自我分化的能力，他們在親密和衝突關係中都能保有穩定的自我。

在某個下午去探望父母時，我們突然又回到了五歲、十歲或十五歲。儘管我們因為工作不順遂需要安慰，父親卻沉默不語，早就長大的我們在憤怒與難過的情緒之間擺盪；母親煩惱著我們的未來，聽不進我們的話，只是批評並指責我們一再犯錯、想太多或是想太少，已是成人的我們板著臉，暗自決定不再吐露一丁點自己的生活。然後，當父母稱讚姊姊的婚姻美滿、有兩個乖巧的孩子、剛獲得夢想中的工作，我們開始火冒三丈；長久以來的不公平對待、怒氣和自卑的感覺就像一股海浪把我們擊垮。

能否離開父母和我們的年紀並沒有太大的關係。當然，隨著年齡增長，大多數的人會變得更自主。我們不再告訴父母自己做的每一個決定，不再徵求他們的同意，經濟也變得獨立。然而，情感上卻還是離不開那條隱形的臍帶，嚴重時阻擋了我們獨立前行。

離開母親的身體來到世上被視為自然邁向獨立的第一步。在我們的文化裡，通常是父親在孩子出生後剪斷臍帶。這不僅僅是一個象徵性的動作，因為父親（或是第二個依附對象）從那時起是幫助孩子和母親切斷共生狀態的重要第三方。隨著孩子與父母雙方建立連結，形成一段三人成行的關係。理想情況下會有其他可信賴的依附對象能給予孩子安全感和愛，並拓展他的依附關係。孩子在父母身邊感覺越安全，就越容易去探索自己的周遭環境，並且變得更自主。

隨著孩子上幼稚園，接著上小學，也開啟了下一個與父母分離的重要階段。孩子每天上午和父母分開，在其他照顧者及同儕身上體驗到超越父母關係的凝聚力和意義。

年復一年，孩子漸漸獨立了：第一次在朋友家過夜、第一次班遊、第一個祕密、第一次墜入情網、第一次接吻、第一次性愛、第一次沒有父母陪伴的假期、第一次戀愛、第一次一個人住、第一份工作、第一份薪水——這些都是脫離父母道路上的里程碑。

父母能夠在一路上陪伴支持孩子是再好不過的，因為健康的依附關係來自於可信賴的父母以及他們循序漸進的放手。有句話更能表達出這個意境：「父母應該給予孩子兩樣東西：根芽和翅膀。」

德裔美籍精神分析學家艾瑞克森（Erik H. Erikson）把童年到成人的生命階段稱為「心理的延期償付」時期，孩子在這段期間逐漸和父母及自我分離。雖然我們的父母仍在身邊，給我們建議或指揮著我們做決定：從事什麼職業、選擇什麼樣的伴侶、過什麼樣的生活，但最終承擔決定的是我們，而非他們。在尋找自我的時期裡可能會有迷失方向的時候，特別是在自由民主的國家，人民有很大的空間探索自己的定位，相形之下，傳統或獨裁社會傾向於指定每個人的角色。

根據艾瑞克森的階段模型，生命的每個階段都必須克服某些成長任務，這些對我們健全的人格發展至關重要。讓我們仔細看看個別階段的內容：

信任與不信任（一歲）

孩子剛出生的頭一年完全依賴他的照顧者，這個時期也決定了他能否建立健康的基本信任，或是因為太多的失望而懷疑這個世界。理想情況下，孩子能得到充分的照顧，並且感受自己的需求能獲得外界的肯認。

自主行動與羞怯懷疑（二到三歲）

孩子會在這個時期發展出自主性，邁出離開母親的第一步，學會走路、說話和上廁所。佛洛伊德把這個時期稱為肛門期，孩子學會抓放物品，也第一次面對羞怯與懷疑。這個年紀的孩子也會產生「我」和「你」的概念，他意識到自己是獨立於母親和她的乳房之外的個體。自主性能超越懷疑與羞怯感的話，孩子就能度過這個階段，這也是最理想的結果。

主動與內疚（四到五歲）

在四到五歲之間，孩子會更廣泛且更獨立地探索他的周遭、真實世界和自我，他會問很多問題，在遊戲中扮演不同的角色。孩子也會探究他的性別，並對父親或母親展現出性方面的占有慾，這就是所謂的伊底帕斯期。孩子內心的良知逐漸形成並產生內疚。理想的情況是，孩子在這個階段一方面學會採取主動，另一方面也學會面對自身的歉疚。

勤奮與自卑（六歲至青春期）

從六歲起，從開始上學一直到青春期，孩子會在勤奮與自卑之間找尋平衡。除了玩耍的渴望之外，孩子養成一種工作的意識，想要做些有用的事情並學習。為了消弭自卑感，成功的經歷就顯得無比重要。這個時期可能會出現固執，反映在對失敗的恐懼或普遍性的焦慮，甚至是長期缺乏自信。最好能讓孩子盡情展現自己，並且適度地鼓勵他們，讓他們能享有充分的成就感，才能建立起穩定的自信心。

自我認同與角色混淆（十三歲至二十歲）

這個階段的首要議題是身分認同——我是誰？——更進一步是和過去比較，和他人比較，和父母、朋友和社會對孩子的期望比較。青少年此時傾注心力在自身、其他性別同儕、角色規範和自我的需求上。理想的情況下，許多美好經驗和健康的自信心能建構自我認同。若不是如此，孩子會產生自我認同混淆，包含強烈的不安全感和迷惘。沒有成功發展出穩定自我認同的孩子，經常會感到失落並尋求支持，例如組織結構明確的團體。一旦無法應對這個階段的任務，將對往後的人生產生根本性的影響，因為缺乏身分認同的人很難與他人建立真正的關係。

親密團結與孤獨（成年早期）

人生的這個階段就是尋找伴侶和親密關係，如同艾瑞克森說的：「迷失自我，在他人中找到自我。」擁有明確自我認同的人能夠發展出穩定且滿足的伴侶關係，因為他們開放自我的同時也懂得忠於自己；反之，缺乏自我認同的人將感到被孤立及自身的寂寞和空虛。此外，能夠忍受這個時期的孤獨感，不會同時失去對他人和自我的信任感，這件事對每個人來說都十分重要。能順利度過生命前幾個階段，往後面對成年早期到中期的挑戰時就越能成功。

生育與停滯頹廢（成年中期）

艾瑞克森把生育定義為教養後代。因為許多人在這個階段都已經有家庭，且往往會有替後代子孫創造、傳承和保障價值觀的需求。沒有孩子的人也會在這個時期投身其他事物，將時間、知識或財力等資源分享給他人。能夠在不忽視自我的前提下，養成關懷他人的能力是最理想的狀態。因為人際關係失和或是只專注於自身而沒有發展出這階段該有的能力，通常會導致自我封閉、孤單和發展停滯。

自我統整與絕望（成熟期）

接受目前為止的生活是這個時期的任務。那些未能接受人生現狀，對生活感到失望和不滿的人，經常會對生活感到厭惡和（或）憂鬱。在這個階段，我們應該已達到成熟的狀態，並預備接納我們這一段獨一無二生命週期的必然性和無可取代性。全然接納現在的自己，讓我們能夠平心靜氣地看待生命的終點，不那麼畏懼死亡。面對現狀不再絕望、苦苦掙扎，而是變得睿智。

我們會發現，每個年紀都有不同的發展課題。一旦沒有通過某個時期的挑戰，我們的發展就會「卡關」。每個未完成的步驟會讓後續生活承受更多的壓力，在之後的階段再次出現成為阻力。假設有個孩子的父母從未及時且敏銳地回應孩子的需求，在最糟的情況下，他日後會成為一個自我價值低落且多疑的大人，不懂得調適羞恥和內疚。自卑感會導致自我認同不足，並且很難在建立人際關係時保有自我不迷失。這一類型人的人際關係可能不會快樂，並且會感到寂寞和空虛；或是他們獨來獨往，自我孤立且孤獨。當他年老回頭看自己的人生時，內心會充滿著遺憾和強烈的失望，可能會因此陷入憂鬱。這些灰暗的人生描述是自年幼時期以來，許多未盡之事所累積下來的結果。

無論父母不敢放手，還是太早讓孩子獨立，都可能導致孩子的發展障礙。結果往往是對生活和承諾的恐懼。

孩子若是過早承擔責任或太早獨立，常常會變成偽自主：完美的內在小孩就是這樣養成的。這個內在小孩抵擋著外界的不合理要求，並確保我們感到自己的強大與能力。同時，他總是高估了自己，阻礙我們和他人真誠的來往以及面對自己的感受，因為偽自主的人拒絕顯露柔軟和需要別人的一面。他們的信念是：「我自己可以做到，我不需要別人。」當然這句話不是完全適用。於是，當他們需要他人卻不敢開口，或是乾脆回絕別人的幫助的時候，就會產生深深的絕望和孤獨感。之後他們時不時大發雷霆，尖酸刻薄地指責別人，他們藏在內心的話卻是：「你本來就要看見我想要什麼。」這種因為偽自主可能產生的誤解、失望和人際困難是顯而易見的。這也正好解釋了研究依附關係的先驅，英國兒科醫生和精神分析學家唐納德．威尼考特（Donald Winnicott）的這句話：「成熟是要求一個人不要太早熟，在他還需要依賴他人的年紀時，就不會成為一個穩定的個體。」

那些拒絕在各個年齡承擔自己人生責任的人也有明顯的發展障礙。他們常常表現得很幼稚。其實，他們展現出幼稚一面的時刻，都是因為過去沒有被好好照顧，現在不知不覺中成了他們長大成熟的絆腳石。他們因此遲遲無法獨立，像是搬出父母家、經濟獨立、建立伴侶關係或是按照自己心目中的方式生活。想到這些就讓他們害怕，甚至認為不可能。

讓我們進一步看看幾個邁向獨立的里程碑：是什麼阻擋了我們前進，又有什麼能幫助我們克服阻礙？

離不開家的人

二〇一八年六月一日，高溫炎熱的一天，麥可・羅頓多（Michael Rotondo）搬離位於紐約北部的父母家。或許你認為這沒什麼稀奇，這個世界上每天都有孩子搬離父母家。很多人期盼自己成年可以獨立，把衣服和書本打包裝箱，滿心歡喜擁有自己的房子，羅頓多是例外，因為法院下令三十歲的他一定要搬離家裡。八年前，他暫時搬回家裡且免費住下來之後，他的父母馬克及克麗絲提娜就不斷催促他搬出去。他們希望兒子找一份工作和自己的住處，甚至還給了他一筆安家費，羅頓多卻充耳不聞。他認為父母的期望是「報復性的攻擊」，而自己是受害者。最近他失去了八歲兒子的探視權，要再爭回這個權利，他必須找到一份全職的工作。這時如果搬出父母家自力更生，一切都會很不方便。他認為探視權被撤銷和自己不負責任的生活方式之間沒有任何關聯。

媒體用「啃老族」（Failure-to-launch-Syndrom），在德國叫「離家困難症候群」或「家裡蹲症候群」來形容千禧世代拖延或拒絕搬離父母家的現象。根據統計，日本有超過一百萬以上的人處於社會孤立的狀態，他們多半是年輕男子，也就是俗稱的繭居族（Hikikomori），他們躲回自己幼時的世界，逃避這個世界的要求。

造成人生停滯或連帶而來的社會孤立的原因有許多：艱難的社會經濟現況，像是高房價和低薪資都可能讓一個積極的人感到焦慮，甚至動彈不得。受到社交焦慮、對未來和失敗恐懼或是被憂鬱症纏身的人，難以走入一個無法預測也無法為自己發聲的世界。

然而，不只在日本，世界各地都有繭居族，我們應該正視其中的心理和家庭因素。因為無論在什麼階層和社會條件下，依附於父母的成年子女一直都存在。

這個現象的背後可能也隱藏著父母的命令：有些父母因為一己私欲緊抓著孩子，不支持孩子在適當的年齡離家。許多箝制孩子的手段都是無意識發生的，而且往往難以辨識。例如父母下達命令：請不要離開我！如果你走了，我會生病！如果你離開，我們的婚姻或我們家就毀了！可想而知，在這種情況下要離開父母談何容易。如果又加上內疚感，誰能毫無牽掛地離開父母呢？

除了父母的命令之外，我們也經常發現子女在面對離開父母的問題時還有無意識的情感意圖。任何一個明顯沒有長大、抗拒獨立的人，都在向自己的父母和這個世上的其他人表示：這裡出大事了！我的父母不如大家所想的那麼偉大，不然我也不會這麼失敗。

拒絕長大的背後可能暗藏著恐懼和攻擊性，通常是兩者兼具。子女無法面對平常的生活挑戰，或是屢屢失敗，而且每天都帶著這種挫敗面對父母。這可能是成年子女對父母的報復方式，用來回敬他們以往的失職。甚至成年子女住在家裡或仰賴父母的經濟支持，迫使父母不得不繼續承擔責任。就像羅頓多一家，昔日恩怨似乎永遠無法算清，父母似乎永遠虧欠孩子。

身為治療師的我在此情況下想問：成年子女拒絕搬離父母家會帶來什麼影響？三十歲的羅頓多大學畢業，已經失業了七年還失去了兒子的探視權。或許他感到無力，提不起勁，任憑命運擺布。我們可以推測，拒絕搬離父母家是他目前唯一能行使的權力。就像許多不成熟的大人一樣，他認為父母（或者是伴侶或是整個世界）對不起他。

羅頓多採用被動攻擊展現權力的背後可能是強烈的不滿情緒，這點反應在他不成熟、寄生在父母家的行為上。如果可以，我想問他指責父母的哪些作為？說得更明確一點：他的憤怒從何而來？他幾歲時第一次感到被父母「拋棄」，並延後了自己獨立生活的時間，因為他實在無能為力？在他尚未能照顧自己的年紀時，父母虧欠了他什麼？

想要好好地解開與父母的羈絆，第一步是要找出憤怒和失望的源頭。因為它牽引著最初的創傷和數十年後現在的衝突，它有時難以察覺，亦或在另一個場合中再度重現。

我們可以假設許多情境：也許在羅頓多眼裡，妹妹得到父母更多的關注與愛？父母的婚姻不順遂，在兒子真正需要他們的時候沒有餘力照顧他？父母無微不至地照顧他的生活，沒有替彼此設下良好的界線，也沒有給予他明確的動機，讓他循序漸進地獨立？羅頓多可能也有許多充分的理由來懲罰父母、把責任推到他們身上，而他也不在乎旁人的眼光。因為像羅頓多這樣，長大了卻拒絕與父母分開的人，經常會遭受到周圍人的不諒解和蔑視。只要旁人發現他停止和拒絕長大，並因而導致人生失敗，就會想提醒他：「你該長大了，你的人生要自己掌握！」不過，相同或類似的舉動背後，往往潛藏著昔日兒時的創傷，以及沒有突破的重要成長課題。

假設羅頓多在三歲的兒童叛逆期沒有得到足夠的關注，因為當時妹妹出生，父母無法兼顧兩個孩子。那麼，無人照料的三歲羅頓多在不斷嘗試獨立自主時感到無力和被遺棄，必須在父母身邊時才能感到安全和放心。直到今天，這個孤單的三歲孩子仍發揮著巨大的影響力，此時此刻的某些東西讓羅頓多回想起當時的情境時，三歲的他就會被喚醒，彷彿像是一股力量自然而然地流竄在長大的羅頓多心裡。今時的羅頓多因為失業、太太離開他或是不准再和他的孩子見面而感到無力時，他內心休眠的三歲羅頓多被叫醒，並掌控了主導權。接著，擁有成年男子外表的他告訴父母和這個世界，一切是多麼不公平，他是受害者，他只是需要多一點時間和父母的關愛。

一個舉止行為像三歲孩子的成人通常不太討人喜歡，不過如果我們明白，這個成人渾然不知自己的內心正被一個三歲孩子所占據，我們就能同理他，無論是對那個一直不斷現身討關注的三歲孩子，還是那個受內心孩子擺布的大人，不知道如何擺脫這道困住自己發展的障礙。

羅頓多的例子聽起來可能有點極端，但我們每個人偶爾都會被內在小孩綁架，尤其是在我們和別人起衝突的當下，我們的內心就會陷入極度的痛苦。讓我們陷入情緒警急狀態的可能是父母，也有可能是伴侶甚至是自己的孩子，就連和朋友或同事的爭執都可能是引爆點，此時內在小孩在瞬間就取代了我們成熟大人的一面。

當我們無法當一個完全的大人，反而退回年幼時隨心所欲的自己，這就是所謂的退化。在不知不覺中，我們又變回了孩子。

退化行為——回到年幼的自己

退化，也就是行為舉止回到年幼或先前的發展階段，這是經常能夠在兒童身上觀察到的現象，例如在他們歷經創傷之後，或是父母對他們要求過高，或是他們感到自己不受重視。

五歲的瑪莉原本是個快樂聰穎的小孩，直到出生不久的弟弟夭折，父母因此陷入悲傷。她不明白為什麼爸媽冷落她，於是她透過拒絕進食和再度開始尿床來表達她的痛苦。某天，媽媽發覺瑪莉拒吃固體食物，卻獨獨接受流質食物，熱牛奶和稀飯就成為她的主食。

瑪莉的退化就如同故事書裡的情節一般：在某種程度上，她變成父母不久前才失去的弟弟。她藉由這種行為來表達需求：「你們要照顧我！我還那麼小，不能不依靠你們，你們必須餵我吃飯和幫我換尿布，直到我好起來。」因此，她的父母按照我的建議，給瑪莉奶瓶、把她抱在懷中、幫她換尿布，一切就像對待嬰兒一般。透過這個方式，父母和瑪莉一起面對死去孩子的悲痛。幾個月之後，瑪莉又開始吃固體食物，尿布也只有睡覺時才穿，直到她也覺得尿布不舒服，某一天，她又重新做回五歲的自己。

瑪莉的父母之所以能夠幫助女兒克服退化的問題，因為他們在沉重悲傷之餘仍然能同理自己的女兒，並在轉變的過程中支持她。雖然瑪莉的退化一開始嚇到他們，他們以為女兒發瘋了。假如父母懲罰她的行為，或是強迫她變回「正常」人，或者忽略她絕望的求救信號，難以想像瑪莉會變得怎麼樣。或許在沒有任何支持的情況下，瑪莉某天又開始進食和不穿尿布，但是從此之後，那個孤單的五歲小女孩會在她的內心裡住下來。當壞事發生時，她會不知道怎麼安撫自己；當成年瑪莉的生活失控時，她會不得不採取更極端的解決方式。

由此可知，在孩子遭遇艱難時，能得到父母充分的同理和支持有多麼重要，否則孩子恐怕在今後的人生發展上舉步維艱。此外，被忽略、感到受傷的印象就如同埋藏在體內的不定時炸彈，即使經過了數十年，只要觸及舊傷還是可能會爆炸。

大部分的人都知道暫時性退化行為，尤其是遇到像是衝突引發壓力的情況時，我們有時會陷入孩子般的狀態：當我們反應極為強烈或衝動時，就能感受得到這一點。還有，當我們某些情況的反應不夠成熟，無法控制情緒，無法讓自己冷靜下來的時候也是。在我們氣極敗壞和「失常」，或是在語塞的時候，因為憤怒無助地哭泣或因為被攻擊而退縮，而不是像大人一樣表明自己的立場。這時，我們感覺自己是個幼小的孩子，言行也跟著像孩子。

如同我們在爭吵時變得幼稚，往往無法綜觀全局，所有的焦點都限縮在自己身上。這時我們失去的不只是與對方的連結，也無法同理自己。在這個以自我為中心的時刻，一切都繞著自己的需求和傷痛打轉，看不見別人的需求。此時此刻，我們深信不疑的假設和視為圭臬的信念（即使它們嚴重錯誤）取代了我們獨立思考的能力。最糟的情況下，我們會說出或做出當自己恢復成人理智時會感到丟臉的事。

問題在於，退化行為往往在不知不覺中跑出來。因此這種讓人不悅的失控感並不會讓你聯想到是內在小孩控制了自己，而是轉嫁到其他人身上。「是你害我這麼生氣！」或是「我會這麼無助都是因為你！」許多嚴重的衝突是由我們無意識的退化行為引起的，唯有認清內在小孩控制了我們的感受和行為，才能擺脫這種不自覺的反應。

想一想你的伴侶最有可能惹惱你的方式？然後試著回溯到你的童年：伴侶的行為讓你回想起哪個情境或是哪個人？當你非常憤怒、受傷、失望時，你覺得自己幾歲？你肯定會想到勾起你類似感受的童年場景和人物。

吵得不可開交、被困得動彈不得的伴侶，往往是啟動了各自的退化行為，就像伊娃的失控。她的男友漢瑞克在吵架時不理她也不說話，才不會受到伊娃的指責。我問他們覺得自己在爭吵時是幾歲，伊娃回答「四歲」，漢瑞克說「六歲左右」。伊娃從小就認得自己需求被父母忽略的感覺，她當時的生存策略就是說話越來越大聲而且絕不妥協。漢瑞克的母親常常對他要求過高，動不動就責罵他，讓他深受打擊。他唯一的保護方式是當下縮回自己的世界，不要和母親有任何接觸。顯然，面對面吵架的不是伊娃和漢瑞克兩個大人，而是他們內在失望的孩子。

要怎麼做才能結束退化行為，恢復大人的理智呢？

方法是藉助認識自己，進一步察覺自己在什麼情況、和什麼人在一起時會失控，有時就那麼一下子，我們內心的孩子就現形了；還有，承認自己有這些如孩子般的種種反應，這個孩子常常受到傷害和感到不滿，或許是因為他們從未得到想要和需要的東西。

理解自己是成熟大人的必要之務是：哪些內心的聲音牽引著我？我追隨的信念是什麼？我經常身陷在哪些內在和外在的衝突裡？內在孩子的聲音扮演著什麼樣的角色？

每個人內心都有孩子氣和不成熟的部分。我們越不關心我們的內在小孩，越是刻意否決或壓抑他們，他們造成的傷害可能就越大。受傷的內在小孩可能因為生氣、恐懼或絕望胡亂發洩情緒；或是他們失望地保持沉默，奪走我們的勇氣和活力。過去的傷痛和最終能得到照顧的渴望，在任何人生階段都可能突然湧現，然後引發劇烈的情緒反應和古怪的行為模式。

因此，舊傷處理得越徹底，它們就能更早被治癒，從此不再受到過去的阻撓，我們也能更輕鬆地向前邁進[3]。

成為大人代表變得獨立，成為「我自己」，包含整合內在小孩，在成長過程中幫助他們，因為我們和他們的發展是一體的。

而且，在各方面脫離對父母的依賴是成為自己這條路上的必經過程：搬出父母家、工作養活自己、選擇伴侶、建立屬於自己的新家庭。看似稀鬆平常的每一步卻是一大挑戰，尤其是我們以為已經克服了難關卻又再次倒退；或者，我們也還沒克服決定性的發展階段，還不能進到下一步。

堅持經濟獨立

四十五歲的佛洛里安擁有藝術史學位，畢業之後自己開了一間舊物雜貨店。店內的營運

3 更多關於面對和照顧內在小孩的內容，詳見第六章。

平平，一段時間後他就失去興致了。後來他決定開一間花店，開始獲利之際他與員工鬧翻，並且一天到晚不營業；過沒多久，他又在城裡某一區另起爐灶開了新店。他的不安定也反映在私人生活上，他幾乎沒有朋友，女友一個換過一個。

佛洛里安很享受生活，寬敞的房子、名貴的車子，加上購買精品、設計師服飾和上餐廳的消費。即使他入不敷出的情況很嚴重，他的帳戶始終不缺錢，因為父母資助他的生活開銷。

他的父母很富有，也很寵孩子，對許多人包含佛洛里安來說，這不只是福也是禍。因為父母的錢永遠會在他彈盡援絕前到來，於是他不知道自力更生是什麼滋味；他也不明白，擁有或失去某些東西並承擔後果是什麼感覺。多虧他的父母，他不必為錢煩惱。乍看之下很誘人的條件，卻給佛洛里安帶來災難性的結果：父母的財力背景削弱了他個人的生命意義。如同許多富裕家庭的繼承人一樣，優渥的條件反而讓佛洛里安變得無能。他缺乏建立自己事業的動力，特別是他知道無論如何都比不上父母，不管做什麼都不及父母的成就。

一個人儘管有無窮的選擇和極高的潛能，如果在工作上一再失敗且靠父母資助的話，往往會有難以言喻且無意識的父母期望和家庭糾葛，這些都將孩子和父母捆綁在一起，成為孩子脫離父母的絆腳石。

因為經濟獨立是一件大事，一個能脫離父母的里程碑。或許你還記得領到的第一份薪水還有它帶來的自豪和自由的感覺。它是證明我們獨立的實際證據，代表我們能夠靠自己在世界上活下來。

但也有一些人似乎無法接受工作上的成就或是隨之而來的經濟獨立，在某些情況下，他們和其他家人無法忍受逐步獨立的做法。孩子沒有完成學業或必須仰賴父母資助的那些家庭可以捫心自問，在孩子獨立這件事上，誰才是最大的獲益者？是父母嗎？只有這樣他們才感覺得到自己的重要性，找到人生的意義？還是孩子？永遠在父母的羽翼之下安逸地活著，而不是面對大人生活的挑戰？

阻擋孩子發展的原因往往在於難以覺察的家庭複雜關係：孩子連同父母聯合抗拒獨立，因為內疚感將他們束縛在一起。

如同佛洛里安和他的父母，無論如何都不願意切斷彼此的經濟關係，因為他們不自覺地擔憂親子關係會就此消失。佛洛里安的父母一輩子都在祖父母創立的公司裡工作，他們能陪伴兒子的時間不多，只能把他交給保姆和讓他在寄宿學校裡長大。為了消除自身的歉疚，一直以來他們無所不用其極地寵愛佛洛里安，兒子的依賴讓他們感到安心，他會永遠待在他們身邊，也絕對不會像其他孩子在脫離父母的過程中那般責怪他們。「用錢換取孩子無聲的依賴」，這是父母認定的交易，每個人最終都為此付出昂貴的代價，讓親子之間無法平等地相處對待。無論這份連結是出於關愛或是依賴，不安全感依然存在，也就是說，在佛洛里安家裡，歉疚在背後主導著慷慨大方的父母和依賴成性的兒子。

佛洛里安的人生本來可以永遠繼續這樣下去——被隱藏起來的成長阻礙、其他事物遮掩了他缺乏的獨立能力——然而，當他第一次認真地談起戀愛，女友發現他太不成熟無法建立家庭而離開他，他陷入了憂鬱。

「我的生活好空虛，」他說，「我想念我的女友，沒有她我活不下去。」分手的痛苦讓他意識到自己與任何人都沒有真正的連結，無論是和家人還是朋友，甚至和他自己。「我到底是誰？」極度不安全感讓佛洛里安感到害怕，但也讓他能檢視以前的人生並做出改變。當以往的生存策略失效，我們可能變得更像個孩子，或是採取下一個必要的改變步驟。佛洛里安終於決定關照自己的內在小孩，一步一步為自己的人生負起責任。他發現自己在乎的、能讓自己快樂的事，以及他必須放棄才能前進的東西。他不再靠著父母的寵溺麻痺自己，而是學會忍住情緒並與他人分享，一開始是和治療師，然後和老朋友，最後和新交往的女友。隨著他的成長，他與父母的關係出現了變化，產生了未解的衝突和失望感。但是，隨著佛洛里安慢慢解放自己、照顧自己，他與父母之間的關係變得融洽，更懂得尊重彼此，並開始用新的心態相處。

在許多家庭中，孩子即使該獨立了仍依賴著父母。我們在繭居族、萬年學生，或是一再受挫且需要父母資助的成年「問題兒童」身上看到了分離的阻礙。

在某些家庭裡，子女在經濟上依賴父母會讓某些人甚至所有人都感到不舒服。孩子一直接受父母的資助會感到丟臉；父母厭倦了為孩子操心，希望到了晚年不必再為任何人負責。

總有一天，這樣的痛苦會壓垮家庭，屆時子女就再也無法逃避得養活自己。

因為即使每個子女在求學期間需要父母資助，經濟獨立和自立自強的時刻總會到來。某些人面對這一刻或許會有輕微的不安，但也會因為伴隨而來的自由，以及能養活自己，不必再對父母負責而感到自豪。（經濟上）不再需要父母並不表示不愛他們或是切斷和他們的連結，它僅僅意味著一個人脫離以前稚嫩、需要幫助的角色，變得更自主。

要一眼就辨識出無法獨立的人並不容易，即使早就搬出父母家、經濟獨立的人，在情感上可能還停留在過去的發展階段；而且，早就成年卻還跟父母住在一起，或是暫時需要父母提供經濟支持的人，並不全然代表無法獨立。

但是，未曾自食其力的人、無法帶著距離檢視自己對原生家庭忠誠的人、從未對個人經濟、關係和人生負責的人，他在很多事情上不會採取可以讓自己成長、安然獨立的必要步驟。沒有克服的每一個成長難關都會影響我們的生活品質，尤其是我們的伴侶關係。

伴侶的選擇——討人厭的外來者還是受歡迎的潤滑劑？

在一九三〇年代，離過兩次婚的美國中產階級華麗絲・辛普森（Wallis Simpson）聲名狼藉。因為她的緣故，愛德華八世於一九三六年放棄了英國王位遠走他鄉，政壇和家人都不齒他的決定。王室成員中沒有任何人出席他們的婚禮，愛德華八世的母親往後也不願接見兒子和他的妻子，她認為辛普森配不上皇室的身分。八十年後，歷史在溫莎家族重演，另一名王室後裔勇於反抗嚴格的家族規定：二〇二〇年一月八日，哈利王子和妻子梅根在他們的ＩＧ上宣布解除自己英國王室成員的義務，他們將經濟獨立，並且部分時間將待在北美。英國媒體聞訊一陣嘩然，王室當然也不例外。首先是這位離過婚的非裔美國女演員「搶走」了英國王室的兒子，接著，在遭受種族敵對和惡名昭彰的媒體騷擾僅僅兩年之後，她受夠了被關在金籠子裡的生活。這對夫婦與王室的疏離被媒體稱為「梅根出走」（Megxit），並以此宣稱，退出王室不可能是哈利王子自己的選擇，也並非夫妻的決定：這都是梅根的主意。

選擇不被家人接受的另一半不只在英國王室裡等同宣戰，即使對忠誠度要求很高的平凡家庭，當孩子突然有主見時，也經常把類似的責任歸咎給孩子的伴侶。為了保護自己的孩子，父母傾向把憤怒的矛頭對準家庭的新成員：是他或她在情感上綁架了兒子或女兒，並慫恿他們反對父母，如果沒有這個挑撥離間的人，孩子永遠不會背棄家庭！

父母常常忘記，孩子會選擇這個人有他的理由，其中一個理由可能是這個伴侶能幫助他擺脫家庭。因為有些父母認為他們的女婿或媳婦是可惡的離間者，而子女卻常常把伴侶當作自己和父母之間的潤滑劑。

沒有什麼事能像子女的伴侶一樣，從根本上考驗家庭的連結，而且還是一個不被家人接納的伴侶。不想對子女放手的父母經常質疑子女的感受和決定，並且試圖勸說他們放棄伴侶：「她不適合你」、「他不夠好」，或是「難道你沒有見他是怎麼挑撥我們的嗎？」就這樣，他們讓孩子面臨忠誠度的考驗，在他們所愛的人和不認同這份愛的家庭之間掙扎。

作為夫妻，他們對抗著家人或世上所有的人，要麼因為逆風而失敗，要麼找到了讓彼此關係緊密的關鍵。因為與「錯誤的」伴侶在一起的人更容易和家人劃下界線，外來的攻擊也能大大提升伴侶的團結度。愛德華八世向眾人解釋他退位並把皇位傳給弟弟的決定時，曾經這麼說：「如果沒有心愛女人的支持，我不可能扛下沉重的責任，承擔起國王的職責。」愛德華八世和辛普森的婚姻維繫了三十五年，直到愛德華八世逝世。這對夫婦說，儘管有各種唱衰的預言，他們仍然很幸福。哈利和梅根的婚姻是否能繼續還有待觀察。二〇二一年三月，哈利在接受採訪時坦承，如果沒有梅根，他不會脫離原生家庭，因為梅根，他才意識到自己過去多麼不自由。往後他的首要之務是照顧和保護他的妻子和孩子，並打破孩子受到家庭「痛苦與磨難」的循環。

一個三十五歲的男人決定和妻子按照自己的想法獨立生活，梅根因此背上罪名，而哈利則被嘲笑愚蠢。大家沒有認同哈利早就該獨立的事實，反而把這件事看作是背叛、與王室家庭決裂、對君主不敬和他個人經濟垮台。

哈利在獨立（成為他自己）的路上只做了幾個重要的步驟：他質疑既有的家庭觀念和規範，根據自己的想法並打破了以往的規則，決定和妻子建立一個家庭。

這種家庭忠誠度的轉移（從原生家庭到新組建的家庭）是獨立過程中不可或缺的，然而，正是在要求孩子高度甚至無條件忠誠的家庭裡，忠誠度轉移會引發衝突，帶來憤怒和失望。

面對家人的壓力和可能失去他們的恐懼，要走自己的路需要勇氣和強大的內在力量，但不是每個人都辦得到。許多感情失敗是因為對原生家庭過度忠誠，因為至死不渝忠於原生家庭可能阻礙我們真正融入伴侶關係並協商共同的價值觀，過度忠於原生家庭有時會讓我們變成不忠的伴侶。因此，要成功脫離原生家庭應反思自己對父母的忠誠，並適時忠於自己的伴侶和孩子。

對許多子女連同父母而言，選擇伴侶、踏入關係和組成家庭是最困難的一關。這個彼此分開獨立的關鍵點決定了家庭是否能開枝散葉或分崩離析，因為家人可能拒絕改變，把獨立的孩子和他的伴侶排除在家庭之外。

親子共生關係對伴侶的意義

子女的離巢可能會威脅到整個家庭的關係，但是這一步攸關我們的人生和所有關係的品質，因為能脫離父母獨立的人才是最好的伴侶。「媽寶」和「爸寶」終其一生都無法擺脫與父母的糾葛，因此無法真正和別人交往。一旦婆媳關係緊張，媽寶會無助地站在兩者之間不做任何表態——除非是為了母親，在他眼裡母親不會犯錯；爸寶則是不斷地拿自己的先生和爸爸（她心目中的大英雄）做比較。父親為了女兒結婚買房子，在沒有告知的情況下，用他的鑰匙進出女兒的新家。當先生抱怨時，爸寶支持父親，認為父女之間沒有祕密，家裡隨時歡迎他。親子之間的界線不明、模糊或是根本不存在，於是，離不開家的孩子和伴侶的關係往往不穩固且脆弱。還有，如果子女無法完全獨立或是和父母關係過於緊密，伴侶關係出現波折幾乎是可想而知。

這些無法獨立的孩子的伴侶並不會被擺在第一位，他們必須和公婆或岳父母競爭。除了造成彼此關係的緊張，雙方互看不順眼的情況也層出不窮。

這種情況也會波及到下一代，往往是祖父母過度介入孫輩的生活，導致與兒媳產生更多的衝突。卡爾一直以來和母親雷娜特的關係十分緊密。他每天打電話給母親，她是他最親近信任的人。雖然卡爾的太太伊琳娜喜歡婆婆，也感到婆婆有點越界了，她經常跟卡爾抱怨這彷彿是一段三人行的關係。伊琳娜和卡爾的孩子出生後，雷娜特馬上展現出占有欲，她希望每週照顧孫子奧斯卡兩次。伊琳娜一開始同意了，直到她發覺婆婆沒有遵守約定：她餵奧斯卡無法消化的食物，打亂了他的睡眠規律。

雷娜特與伊琳娜私下交談時態度強硬，於是伊琳娜尋求丈夫的支持，希望他和母親設下界線。卡爾拒絕後，兩人爆發了第一次激烈的衝突。「你沒有站在我這邊，也沒有替你兒子著想，」伊琳娜責怪丈夫，「奧斯卡對堅果過敏，你媽媽說她不相信過敏這回事，還一顆接著一顆餵他，這樣很危險！」

卡爾回答：「妳太小題大作了。」他完全相信自己的母親，認為太太的批評過於誇張。「我媽媽是最棒的媽媽，」卡爾為母親辯護，「她知道自己在做什麼，她不也這樣把我帶大了。」他沒有認真看待伊琳娜的擔憂，他開始質疑他們共同討論過的價值觀和教養方式，甚至不願意承認兒子有過敏紅疹。彷彿他母親不可侵犯，也不該被批評。伊琳娜長久受到婆婆的過度影響，第一次害怕失去丈夫。某個爭吵後的晚上，她傷心地對丈夫說：「如果讓你選擇，你永遠會站在媽媽那一邊。」

他反駁：「如果妳愛我，妳根本不會認為我必須在妳和我媽媽之間做選擇。」卡爾既對了也錯了。他當然不該被迫選邊站，可是他如果不表態，沒有優先考慮、保護與太太跟兒子的關係，他就沒有盡到一個成年人、一個父親和一個兒子的責任。因為和太太攜手為他們的關係和新家庭打造一個明確的規範，制定有別於各自原生家庭的規則，這是他的功課。即便他的母親不同意，他也應該向外界清楚傳達並執行這些規則。雖然祖父母可以是孫子的重要照顧者，他們可以無條件地支持自己的子女，但是孫子的教養和照顧原則應該由父母來決定，而不是祖父母。

儘管雷娜特是個出色的母親，但身為祖母，她並沒有和奧斯卡的媽媽一樣的權利。但卡爾過於依賴母親，無法察覺到母親的不當行為，更不用說批評她的做法。他寧願讓夫妻關係變得劍拔弩張，也不願冒險和母親起衝突。直到奧斯卡三歲時，因為一次過敏性休克不得不住院治療，起因是雷娜特不顧伊琳娜再三警告給奧斯卡吃堅果，卡爾突然從對母親的深信不疑中醒來。他意識到，比起對母親的寬容，他對兒子的責任更重要。他有生以來第一次激動地和母親談話，向她表明界線，並看重兒子的健康。

「你永遠都是我生命中最重要的人，我認為，我對你來說應該也一樣。」雷娜特在談話結束時焦慮地說。那一瞬間，卡爾不知該如何回應，憤怒、愧疚的情緒與他對兒子的擔憂交織在一起。他還無法對母親說出這些，但他察覺到內心出現了一些變化：失去兒子的恐懼讓他明白，除了太太伊琳娜以外，奧斯卡是他生命中最重要的人。他愛媽媽，但他知道自己身為父親不僅要能愛孩子，還必須要保護他，即便要質疑母親也在所不惜。

不是所有離不開父母的人在伴侶離開或是和孩子的關係受到損害之前都能學會這一點：任何人在一段成熟的關係之中，都必須能夠保護這段關係並且與他人確立界線——包括和自己的父母，無論他們有多麼和藹可親。

這種情況拖著沒有解決，伴侶選擇就會越困難，要不乾脆不選擇保持單身，或是不自覺地做出讓自己不幸福的決定：為了不要「離開」父母，我們刻意愛上已婚人士，或者擁有一段又一段不盡人意的婚外情；或者，我們選擇完美的另一半，一個能融入家人的伴侶，但這個人不一定適合自己。

但我們不應該自欺欺人：就算和父母沒有共生關係，在選擇伴侶和處理關係的方式上明顯都會受到父母的影響。因為，我們會以父母為準則選擇另一半，會選擇某個人是基於我們的依附能力，而這種能力主要是在幼時以及和父母的互動中發展起來的，並且基於那些未曾被滿足的渴望。我們時不時在伴侶關係中重演兒時的戲碼，所有的拒絕、傷害和未消化的衝突，現在都和伴侶一起重溫，並且賦予伴侶父母的角色，而我們為了受到關注、重視和被愛而再次努力奮鬥。

我們對這些重演和混淆認識得越少，它們就會發生得越頻繁、越激烈，彷彿是一場徒勞無功的太極拳搏鬥，不斷在伴侶的身上投射父母過去的形象。

即使父母自然而然地影響了我們的依附和溝通能力、選擇伴侶的方式和人際關係，但這不意味一切都是注定的。我們隨時可以改變人際關係，進而改變整個人生。離開父母意味著找到自己的路，無論父母是否贊成。

如果父母支持我們獨立，事情自然會輕鬆一點。所以，即使父母認為孩子錯了，也應該從根本上同意他們嗎？當然不是。在獨立的過程中，孩子會聽到父母反對的意見，就跟父母也會意識到，自己的意見不再能主導孩子一樣。

父母可能因為自己的影響力減弱而感到受傷或甚至惱怒，孩子日益增強的自主性可能會引發他們對自己的質疑和失去孩子的恐懼，進而感到傷心。但孩子能安然獨立就證明父母已經履行了他們的責任：他們幫助孩子變得獨立自主，對孩子來說，他們已經是最好的父母。

獨立過程必有拉扯

詹姆斯・伍德（James Wood）在他的家庭小說《紐約上州》（*Upstate*）中寫道，艾倫・柯里（Alan Querry）希望「他的孩子們每次都會從最低的樹枝上跳下來」。柯里的女兒們已經成年，但他一想到孩子離家的風險，內心的無力感始終無法消散：「看著女兒們長大，他意識到她們只會越爬越高；而他唯一能做的就是默默地看著她們跳躍。」

無論是面對子女的伴侶選擇或是其他自主的決定，有些父母會更願意放手讓孩子去做，有些父母則拚命抓著孩子不放，讓孩子的生活綁手綁腳。當然，這對父母本身也是一種消耗，因為抗拒孩子自然的獨立需要耗費大量精力，最終也會帶來不少痛苦。許多家長甚至沒有意識到自己擋在孩子獨立的路上，或者說，孩子的獨立過程會讓父母面對自己獨立的挫敗：因為當孩子走出父母在人生中無法走出的步伐時，父母一定會被恐懼、憤怒或無力等強烈感受淹沒，就像他們當年在成長過程中曾經感受到的迷惘或受阻一樣。

我們已經討論了那些掙扎求獨立的成年子女內心狀態，現在來看看無法離家子女的父母：無法認同子女所選擇伴侶的父母、不信任子女而寧願自己撫養孫子的父母、成年子女還住在家裡的父母，或者到生命盡頭仍必須資助子女的父母。他們其中有些人因為無法卸下父母的責任而煩心，有些人對孩子為了自主所付出的每一份心力感到焦慮，甚至批評孩子。然而對大多數父母來說，到了某個時刻，他們也想要重新過上獨立的生活，不再想把時間、財務和情感資源全都交給孩子。從父母願意以自己的需求為優先的那一刻起，他們就獨立了，不是把錢留給子女，而是用夢想已久的旅行犒賞自己；或者，他們不再隨時預備當孫子的保母，而是更願意全心投入自己的嗜好。父母的獨立也會讓某些子女驚訝，畢竟他們早就習慣父母的照顧和總是隨傳隨到。但父母不可能永遠都陪伴在孩子身邊，尤其是父母本來就會比子女更早離開人世，獨立也是為和父母最後的告別做準備。父母去世對大多數孩子來說很痛苦，但是對一些沒有獨立的孩子來說，更是痛到無以復加的打擊。當成年子女離不開父母，在成長和獨立方面都明顯停滯，父母一直承受著無法卸下的重擔，這對他們來說可能是痛苦萬分。

並不是每對父母都會像美國的羅頓多家一樣，因為孩子拒絕長大而上法庭。有些父母羞於向人傾訴，還有一些父母經歷了漫長的等待，對改變的期待漸漸消失之後才尋求心理治療。就像凱倫和馬蒂亞斯來約診，因為他們二十八歲的兒子揚恩和美國的羅頓多一樣，拒絕搬出父母家。

我問道：「兩位的兒子聽到你們的期望時有什麼反應呢？」原來凱倫和馬蒂亞斯還沒有跟兒子具體說出他們的期待，「我們不想讓他認為我們不愛他了。」

究竟什麼時候才是放手讓孩子離家的最好時機？身為愛孩子的父母，真的可以這麼做嗎？理由是什麼？馬蒂亞斯和凱倫想要重新擁有居住的空間，因此覺得自己有點自私。其實，凱倫認為兒子已經到了搬出去的年紀，馬蒂亞斯仍搖擺不定。他一方面希望兒子最終能自立，另一方面又不想把孩子推入深淵。

用「推入深淵」來描述一個拒絕離開家裡的二十八歲男子聽起來很有趣。我想知道馬蒂亞斯的情況，他是不是也遲遲無法邁開步伐，或是覺得自己太早被丟出家門。衝突或紛爭在隔一代後重新上演的情況並不少見，彷彿是為了提醒大家當時沒有完整解決的問題。換句話說，孩子長不大可能和父母自己過去所遭遇的困難有關。孩子離家也會牽動父母自己過去的獨立議題，孩子能否成功或是失敗以及會對孩子有何影響，從中就能看出端倪。

為了了解馬蒂亞斯的離家經驗，我問他本人何時、在什麼情況下決定搬離父母家？「十六歲那一年，我在另一個城市當學徒，」馬蒂亞斯說，「我覺得很孤單，要隔好幾週才能和家人見面，逼得我一夕之間長大。」馬蒂亞斯不希望自己的兒子也面臨同樣的命運，他希望兒子能一步一步地獨立，因為這是馬蒂亞斯未能擁有的，他的兒子應該要比他過得更好。

我很感謝他的信任和坦誠，同時也問他：「你認為兒子要花多少時間，你才會相信他有獨立自主的能力？」

他聳聳肩，不知所措地看著我。我又進一步問：「要經過多久、要累積多少對兒子的信任，你才願意放手？」

不光是馬蒂亞斯，凱倫也很掙扎。一方面她在鄰居面前抬不起頭來，她認為兒子揚恩是該獨立了；另一方面她卻幫他洗衣服、煮飯、聽他的煩惱，偶爾塞點錢給他，讓他可以去跟女朋友約會。馬蒂亞斯和凱倫對兒子過度溺愛、無法放手，卻也感到哪裡不對勁，深陷在無法脫離的循環之中。他們的兒子應該要改變，但是為什麼？揚恩並沒有參與我們的談話，我不能怪罪他，而且他並不感到痛苦。苦的是他的父母，因為他們不知道該如何鼓勵兒子跨出必要的一步：離開家裡。經過幾次面談後，凱倫和馬蒂亞斯明白了他們究竟想要什麼：希望兒子離家並不是對他的敵意、狠心的背叛，讓兒子完全失去依靠，這是合理的期待，甚至是兒子成為獨立大人的重要一步。所以，不要繼續等待揚恩離開舒適的窩了，他們夫妻必須採取行動；也就是說，凱倫和馬蒂亞斯不再為兒子做任何事。晚餐只煮他們兩人而不是三人的份，凱倫也不再替揚恩洗衣服，而是教他使用洗衣機的方法，並且比照洗衣店每次使用收費五歐元。

此外，他們也要求兒子即刻起支付食宿費用。因為他享受著五星級全方位無微不至的照顧，天塌下來也不怕，他本來就應該要付房租。

揚恩的反應也在意料之中：他百般不情願、發牢騷、生悶氣，使出渾身解數和父母唱反調，控訴父母無情，然後和他們冷戰了一陣子。就在凱倫和馬蒂亞斯難得地堅持了七個月之後，揚恩找到一份工作，薪水足以讓他承租友人公寓裡的一間房間。於是，他搬出去了。

我們可以看到，儘管獨立表面上是由孩子推動和計畫，但也仰賴雙方的互動關係，獨立永遠是父母和孩子的共同課題。因為從孩子的童年開始，父母就在為孩子日後的獨立付出心力：孩子邁向自主的每一步，都需要父母的信任和放手。每次孩子遇到阻礙，父母細微貼心的支持會讓他更有信心，變得更加獨立。此外，父母能夠與孩子明確地溝通和設立界線，對這段過程會格外有助益。

當父母無法讓孩子踏出家門接觸外在世界，孩子就必須花更多的心力來完成獨立的步驟。這往往會造成分離的過程無法推進或是過於激烈，並伴隨著親子雙方的羞愧感和歉疚感：父母擔憂自己沒有盡到職責，孩子因為依賴父母而感到丟臉。這些不舒服的感受常常被壓抑，沒有查明問題就合理化這一切，而不是捫心自問：誰綁住了誰？為什麼會這樣？結果，父母與孩子在不知不覺中誰也離不開誰。

分離的過程不是單行道，它對子女和父母來說都是成長的挑戰：孩子一定要獨立，父母也必須放手。放手不代表對孩子的離家告別無動於衷或是把他們趕出家門，父母要能認清自己的不捨和難過，不要造成孩子的愧疚。

但是，如果分離可能會讓自己痛不欲生，又該如何放手呢？如果自己害怕孤獨、害怕不再被孩子需要呢？如果孩子在獨立的過程中討厭甚至不再愛父母了？如果父母覺得自己無法擺脫這種極度不舒服的感覺，他們很有可能已經陷入了孩子的角色裡，他們的內在小孩正拚命抵抗「被拋棄」。從前小時候的恐懼、絕望、憤怒、失望和渴望再度湧上心頭，他們如同孩子般的自我出於恐懼而盲目地做出反應，在最糟的情況下，子女心須面對來自父母的需求，例如：「請不要離開我，我需要你！」

為了避免陷入這種混亂情況，並且能夠盡可能接納成長中孩子的獨立過程，父母也需要認清自己內在的受傷小孩，並療癒從前的舊傷口。這樣，父母能重返他們成熟大人的一面，有能力安撫自己，甚至對孩子自然變得自主的過程感到開心。如果父母無法冷靜面對孩子轉變帶來的不安情緒，就應該要向他人求助，而非一味不合理地期望孩子，讓他們感到歉疚，或是顛倒了親子的角色。

父母因為孩子離家而悲傷，感到崩潰陷入憂鬱，亦或他們擔心孩子或者想控制孩子，還是他們不同意孩子的某些決定，或是威脅孩子，如果他們不按照自己的意思去做就斷絕關係，各種情況都不盡相同。

某些時候，父母應該放棄期盼孩子成為自己所想像的模樣。與其用固定的思維和框架，父母可以關注和帶著好奇心去靠近孩子，了解他們真實的模樣、想成為什麼樣的人，用耐心和尊重陪伴孩子的成年旅程。

孩子離家對父母來說是一個絕佳的機會，能藉此提升彼此的長久關係。在這個重要的時期，父母能成為孩子的榜樣，覺察自己的感受而不把孩子捲入其中。他們也能以身作則，積極地面對改變，不逃避面對生命的意義與存在性問題，並且有意識地回應並從中進步。

越是刻意為孩子離家做準備，父母和子女會感到越輕鬆。想一想，母親因為孩子適應幼稚園而傷心不已，孩子反而要承受她的分離痛苦並緊緊黏著她不放；或是女兒開始有了性生活，父親無法接受或是禁止她，讓女兒對性行為感到羞恥和不安。

我想要強調，孩子在獨立過程中需要父母大力配合：父母必須要保持冷靜和信任，即使擔憂自己無法保護孩子免受種種風險和錯誤。一旦孩子不再那麼依賴他們時，父母必須面對自己的重要性日漸減少，以及隨之而來的心痛和失去的恐懼。父母必須接受孩子的人生選擇，即使他們的工作「不好」或是伴侶「不對」。但是，如果父母想幫助孩子並繼續與他們保持良好的關係，放手是唯一的選擇。因為如果父母不讓孩子隨著年紀增長適當地支持他獨立並放手，將會打擊孩子的自信心，並可能阻礙他們的發展。無論是對孩子甚至對整個家庭都是得不償失。

愛孩子並真心為了孩子好，就應該學會及時放手。正如精神分析心理學家佛洛姆在《愛的藝術》（*Die Kunst des Liebens*）中所寫：真正的母愛是無條件地愛孩子，同時允許孩子離開與自己的共生關係：「真正的母愛包括關心孩子的成長，這也意味著她（母親）希望孩子能離開她。」佛洛姆強調：「母親不僅要能容忍孩子的離開，甚至要渴望和鼓勵這件事。」

無論是母親還是父親：愛孩子的父母會鼓勵孩子獨立。

當然，對父母來說，他們是被拋棄還是主動放手，在感受上有明顯的差異。

「你們能改變孩子現在的人生嗎？」對於子女已成年的父母，他們無法放手讓孩子獨立，我會一再問他們這個問題。他們仔細且認真評估自己的影響力後，只能給出一個答案：「不能。」父母已陪伴孩子多年，能把他們認為重要的一切給予孩子。在接下來的日子裡，他們必須相信自己以前的付出和孩子的生活能力。當然，父母永遠是父母，必要時會無條件地守在孩子身邊。但是基本上父母必須逐漸讓孩子獨立並承擔責任，包括接受孩子做出他們不了解或不贊成的決定，或是孩子的思考和感受與他們不同，允許孩子按照自己的意志生活——即使完全背離父母的願望。

克服孩子不再那麼需要自己的哀傷是父母的課題，討好父母不是孩子的任務。

此外，好好分離不代表失去孩子。相反的，孩子在適當的年齡獨立，證明他在成長過程中被賦予了足夠的自信，能自己做決定，即便其他人不一定認可。正因為父母與子女的連結堅不可摧，遇到衝突也能夠安然過關。

分離是一段漫長的過程，基本上是一個走向自我的終身旅程，在這方面，父母能給予孩子許多的支持。因此本書不只寫給無法離開父母的子女，也寫給他們的父母。因為也許父母自己未能完全實現獨立，在情感獨立的道路上，仍需要果斷地邁出幾步。不僅是為了自己，也為了他們的孩子。

第2章

漸漸地，他開始意識到自己幾十年都活在錯誤的心態中。所謂設立界線不是生活在一座堡壘裡，罩住自己、替自己和外界築一道牆。界線的珍貴之處和我們想的不同：那是當別人發現你時，你自己還能處變不驚、神色自若地堅守自己的本色。

——瑞士作家帕斯卡・梅西耶（Pascal Mercier），《佩爾曼的沉默》（*Perlmanns Schweigen*）

父母的期望和職責？我真的做了什麼愧對父母的事嗎？

父母賦予我們生命，為了我們徹夜無法入睡，在我們身上投注了足以買房買車的金錢，做了有必要和沒必要的擔心，並且盡可能給我們最好的。我們有辦法償還這一切嗎？還是我們因此永遠虧欠他們呢？

兩者皆非。因為償還或虧欠都是不恰當的說法，會讓我們和父母關係變得緊張，讓我們無法帶著健康的心態離開父母。

瑞士哲學家芭芭拉・布萊許（Barbara Bleisch）在《為什麼我們不欠父母?!》（*Warum wir unseren Eltern nichts schulden*）一書中否定了虧欠的說法，同時堅定地駁斥僅僅因為我們是某人的兒女而產生的所謂孝道義務。雖然，家庭關係具備一定的意義，甚至它的價值對我們來說難以估計，但是「家庭關係不該衍生出任何我們所有人都無法承擔的特殊義務」，在任何形式的關係中都需要彼此互敬互重，除此之外沒有任何的責任和義務。

認為孩子虧欠父母的人把人際關係想像成了一張 Excel 表格，在某個時間點就會達成收支平衡。布萊許認為，這種心態把關係變成是「必須償還的債務，父母和子女是債務人和債權之間的不對等關係」。但是，「何時能還清？」的問題無法在家庭關係中得到解答，因為父母有義務照顧孩子，但這份義務不能輕易地反過來套用在子女身上。

但是為什麼許多孩子在無法達成父母的期望時，會感到如此歉疚呢？為什麼我們之中許多人難以拒絕父母提出的過分要求，甚至是無法達成的要求呢？為什麼獨立的每一步往往伴隨著歉疚感，彷彿我們不斷增強的自主性傷害了父母？為什麼那些良好且早該設下的界線，卻形同是在背叛父母？

因為我們從小就知道，做個順從父母願望和期待的「乖孩子」有多麼重要。社會的規範和家庭期望形塑了我們的行為準則，即便我們早已長大成人，心中仍然銘記著父母的諄諄教誨。

質疑這一切正是成長的任務。做為成年人，我們終於可以離開既定的道路去追尋自己的目標。艾瑞克森認為，四至五歲的孩子在探索逐漸增長的自主性時，會感受到主動性和內疚感之間的矛盾關係，這種張力將會不斷擴及至人生的歷程裡——我們在學習承擔責任之際，也努力完成自己的人生課題。對自己展現出自主性感到歉疚的人，往往會不願意做決定，顯得猶豫不決，最嚴重的情況下可能會陷入憂鬱。

活著就是要展現主動性，當中還包括不斷調整與父母的關係、設立界線，仍然滿懷著愛，並且以成熟的態度相處。唯有我們健康地成為關係中的個體，忠於自己勝過父母，才能充滿力量且自信地安排自己的人生。

因為成為個體不是成為父母心目中的形象，而是成為「我們想要成為的人」。

在責任和歉疚感之間

我們的文化裡深植著對父母的責任和早就設定好的歉疚感，早在聖經的十誡裡就曾說：你要孝敬父母。

孩子似乎本來就虧欠父母，因此我們常說孩子不孝，而不是父母照顧不周。孩子應該要對父母心存感激，並且常要彌補自己早年犯的錯。我一再聽到父母把「我不想孤獨終老」當成生兒育女的主因，彷彿他們有權在年老時得到孩子（情感上）的照顧。

法律甚至規定了扶養父母的義務：當父母沒有經濟能力時，子女必須支付扶養費用。二〇一四年，一名兒子被政府要求支付父親的照護費用而提告，因為他在過了十八歲後被父親拋棄，後來也被取消了繼承權。不過法院駁回了他的提告：聯邦法院認為，雖然父親拋棄了兒子且未履行父親的職責，但不能意味著兒子就可以免除做為子女的義務以及相關的照顧責任。只有在父母有「嚴重不當行為」的情況下，例如虐待未成年兒童，才可以免除所謂的贍養父母義務。然而這些在事後往往難以查證，特別是涉及到精神虐待事件時。我們可以想像那些一輩子在情感上被父母忽略的孩子，他們心中的無力感，尤其在多年斷絕聯繫後，還要在經濟上供養父母。

供養父母義務的不公現象時有所聞，可是親子情感修復方面似乎聞所未聞。想一想在養老院裡的孤單老人，他們的子女鮮少或從未前去探望。我們是否會自然而然地同情老人，而認為他們的子女自私或無情？不願意去探望父母的子女可能曾經在親子情感互動上遭受過極大的傷害，就沒有人去思考這一切或是乾脆視而不見，只歸咎孩子沒有遵從社會規範。

我們來思考幾個基本問題：如果父母的期待和自己的需求相違背時，你能說不嗎？你認為自己的幸福比父母的幸福來得更重要嗎？如果父母失職卻對孩子的要求很高，那該怎麼辦？孩子應該要無條件地原諒父母的過錯嗎？大家不是說以身作則嗎，如果父母不像父母，我們還要當個好孩子？無論如何，孩子都虧欠父母許多，因為沒有他們就沒有我們？

思考孝道時不免俗會受到道德觀念潛移默化的影響，但我們鮮少質疑這些觀念。大家普遍認為：子女應該要遵循代間契約（Generationenvertrag），即使他們沒有參與談判也沒有簽署過內容，甚至不必把父母實際的「表現」納入考量。如果這發生在家庭議題之外，人人都會視之為不公平之事。

這是否意味著，成年子女應該遠離父母，不關心他們，純粹只考慮自己的幸福？當然不是。但是，在情感關係上斤斤計較權利與義務的人，並不相信關係中最健康且最穩定的基礎是愛。

當我們用愧疚來衡量親子關係時，不僅扭曲了這段關係，也貶低了它的價值。因為這樣一來，那就不再是深厚的連結、真正的親密以及健康的互信關係。在關係裡提到愧疚，反而變成站在道德正當性上索求親情連結和情感照顧。

討愛和討關注是行不通的。身為父母可以全心全意渴望與孩子建立愛的關係，竭盡所能達成這個目標。但是，我們不能把（天經地義）的父母關懷當作借條，向子女要求回報。這麼做的話（相信我，許多家庭都有這樣的情況）會剝奪了自己和孩子真心且自在互動的機會。

無論怎麼說，從理性的角度來看，孩子並沒有虧欠父母，原因在於我們的出生純屬巧合。父母給予我們生命，幸運的話從小受到他們細心呵護；然而不管是出生、父母的條件或是照顧的品質，這些現實我們都無法左右。

早在一九二〇年代末期，匈牙利精神分析學家費倫齊（Sándor Ferenczi）就已經顛覆了猶太基督思想，並反駁聖經中孩子應當孝敬父母的戒律：「必須透過巨大的努力、愛、溫柔和關懷，才能讓孩子原諒父母無意中把他帶到世上，否則孩子很快會被激發出破壞本能。」費倫齊用正確的視角看待家庭責任：父母引導孩子來到世上，因此必須用愛陪伴孩子，從而增強孩子的生存意志和勇氣。

總而言之：沒有人虧欠父母，但我們可以愛父母並感謝父母。在理想情況下，我們能夠感受到與父母的緊密連結，也能夠覺察到我們自身的需求與父母的不相同，並立下健康的界線，而且完全不會感到內疚。

遺憾的是，最具說服力的理性論點通常無法消弭我們對父母的歉疚感。因為歉疚感不僅源自於社會和法律的要求，它主要源自於家庭內部，而且往往是孩子從小就被父母灌輸的觀念。這樣的情況通常是不知不覺出現的，理由很簡單：為了讓孩子離不開父母。

歉疚感怎麼來的？

「為什麼我覺得對不起媽媽？」三十六歲的梅克在我們晤談時問了這個問題。「每當我達不到媽媽的期望，我都會覺得自己是全世界最糟糕的人。」

梅克的媽媽希望，只要她打電話或是剛好人在附近想喝杯咖啡，梅克能放下手邊所有的事赴約。梅克是獨立平面設計師，在家工作，這樣的工作型態讓媽媽認為女兒隨時都有空。「她無法接受我有每日的工作量和交件時間，只要我白天不接電話，她就會非常不滿。她會一直打到我受不了接起電話為止，然後責怪我不看重她，我從不和她聯絡，她很擔心我。總之，她就在附近，想找我一起吃飯，大家都要吃午餐吧。」

梅克和許多孩子的命運一樣，都有情感匱乏的父母。當這些孩子鼓起勇氣把自己的需求擺在第一位時，歉疚感就會油然而生，設立界線就成了必須鼓起勇氣或突破自我的考驗。「她失望的眼神並且一再指責我的不是，這讓我難以承受。事事順著她的心意，忍住自己的想法通常會讓我輕鬆許多，畢竟她是我媽媽。」

畢竟她是我媽媽，畢竟他是我爸爸——這句話的含意很深。從真誠感激到揮之不去的歉疚感，從滿腔怒火到麻木的放棄，從渴望被愛到被期望壓垮，即便如此，心中卻還是抱著一絲期望，還能改善與父母的關係，一種彼此尊重、不帶罪惡感的關係。

歉疚感並不是在孩子搬出家裡或自組家庭才會出現，像是梅克的歉疚感是從小媽媽灌輸給她的。「為了妳我才放棄夢想中的工作」，梅克從小到大反覆聽到這句話。梅克的母親在她出生後就辭職成為家庭主婦和母親，這在當時很普遍。現在梅克當然知道，她不需要為媽媽的遺憾負責，但是每當媽媽責備她時，她感受到的是橫亙在她們之間的桎梏枷鎖：那股歉疚感如同一顆鐵球緊緊栓住她。

梅克是在期待中出生的孩子，她備受疼愛和呵護，只是媽媽無法對她放手。媽媽原本擔任公司高層的助理，在放棄熱愛的工作之後，充滿熱情地投入母親的角色。正當其他的媽媽驕傲又欣慰地看著她們的孩子日益獨立時，梅克每一個階段的獨立都牽動著媽媽內心失去她的恐懼。即使梅克才小學一年級，媽媽已經擔憂她畢業的那一天。「妳搬出去之後我該怎麼辦呢？」媽媽不停地問。後來，梅克開始準備高中畢業會考時，媽媽變得更加緊迫盯人。每晚梅克出門找朋友時，媽媽經常用責備的口吻她：「妳非要出門不可嗎？」「妳馬上就要搬出去了，我就會孤單一個人，我們應該要共度剩餘的時光。」

「我真的很糾結，」梅克說，「外面迎接我的是新生活、上大學和交朋友；但是我媽媽卻坐在廚房裡的餐桌旁，臉色蒼白不停地哭。我覺得，自己搬出去等於會害死她。」

因此，為了和媽媽一起煮飯和看電視，梅克拒絕了許多約會。她回憶著說：「我總是無法對媽媽說不。」梅克震驚地發現，自己在過去二十年裡幾乎沒有能力對孤單又過度干涉她的母親設下適當且健康的界線。

現在可以澈底明白，想要全然拒絕慈愛父母的願望有多麼不容易。換作是父母忽略了孩子，他們也會感到歉疚，就連不受歡迎或不被疼愛的孩子也會這麼想。不受歡迎的孩子可能感到歉疚，因為父親暗示自己是因為孩子才不得不跟錯的女人結婚；不被疼愛的孩子一再聽到自己不夠優秀，他是絆腳石，阻礙了父母實現夢想，他不懂得感恩、要求太多、付出太少……等；不被看重的孩子認為都是自己的錯，他必須加倍努力才能贏得父母的愛。

歉疚感也可能是基於壓抑的仇恨和報復的心理。被忽略或受虐的孩子必須壓抑自己想攻擊父母的欲望，以避免進一步危及與父母的關係。因此，孩子把攻擊行為歸咎於自己，引發了歉疚感和自卑感：「我是個壞孩子，不值得父母疼愛。」這種念頭會使一個人想毀滅自我，把自己推向極限，更可能導致成癮、倦怠或是憂鬱症等心理疾病。

如果父母有嚴重的創傷經驗，孩子也會感到歉疚，因為即使犧牲自己也無法將父母從痛苦的記憶中拯救出來。有創傷的父母和孩子之間經常會在早期形成無意識的情感糾葛，這是因為孩子察覺到父母壓抑的情緒，並將這些情緒承擔下來，也試圖肩負起大量責任來為父母減輕沉重的命運負擔。於是，他們想離家獨立的願望往往直接挑戰父母害怕失去的恐懼。就像在許多家庭裡，父母和孩子的連結過於緊密或存在著共生關係，分離會引發所有家庭成員的不安。

每當有人做出父母不贊成的決定時，我總是會聽到：「我覺得對不起他們。」把自主獨立認定為不忠不孝的家庭裡，子女和父母往往都承受著極大的痛苦。分離變得很艱難，是一條不被允許的路，只能偷偷或帶著歉疚踏上。「如果我走了，就會留下媽媽一個人面對沉默的爸爸」、「如果我沒有每個週末去看爸爸，他的日子就會了無生趣」、「如果我沒有把（挑剔、冷漠、強勢的）爸媽接來過聖誕節，他們會很孤單而且悶悶不樂」，這些信念把我們和父母捆綁在一起，不僅是出於愛，通常是來自過度的責任感和罪惡感。由於這種「我對父母有責任，他們的不幸是我造成的」的信念，讓我們做出的決定多半違背自身需求。因為歉疚感而開始或維持的聯繫並不是心甘情願的，不是建立在真正的親密和喜愛之上，而是鬱悶地忍受，結果會引發更多的歉疚感。

我們可以發現：過度歉疚感的根源在於與父母的關係。當父母因為自己的情感需求過分依戀孩子時，往往在無意間成為孩子歉疚感的始作俑者。

然而，好的教養方式包括適時讓孩子獨立，不過度苛求也不過度限制，幫助孩子成為自主、有愛心、能與別人建立關係和解決衝突的人。

要在照顧和放手之間取得平衡並不容易，這需要父母先探究自己脫離原生家庭的過往經歷。離家過程不順利的父母會把這種不成熟的情緒帶入和自己孩子的關係中。曾經背負過不合理期望的父母，往往會把這份期望過渡到孩子身上；必須努力取悅父母的人，可能也會希望自己的孩子能做到這一點；從來不被允許規劃自己生活的人，可能會在孩子敢違抗家庭規矩時心生不滿；從未感受過父母愛的人，可能希望從孩子那裡得到這份關愛與他們永遠全心全意的奉獻，當孩子長大成人、建立自己的家庭時，這些父母會黯然神傷。

最常見的是，父母的不當行為會影響下一代，通常是複製了他們自己在年幼時所經歷過的不足。因此，缺乏照顧的孩子就會成為不懂得照顧孩子的父母，孩子不得不轉換角色，換他們照顧父母。如果孩子本來就無法承擔這樣的角色轉換，接連的指責卻會落在他們身上。正是這樣，孩子有了歉疚感。

梅克的歉疚感也是來自於媽媽過度渴望和她親近，而媽媽自己也曾是被忽略的孩子。梅克的媽媽沒有獲得父母的情感關懷，因為她的出生不在父母意料之中，年紀又比其他手足小很多，所以經常一個人。這個孤單的小孩滿心渴望一個充滿愛的家庭，可以得到關懷和愛護。當她多年後把女兒梅克抱在懷裡時，她的夢想彷彿實現了，現在她終於可以過著她想要的人生，有一個永遠不會離開她的人。對梅克來說，母親的夢想是一個無法達成的任務，更讓她難以獨立。直到現在，她仍被巨大的歉疚感折磨，因為媽媽（更準確地說，那個被忽略的孩子）不斷對她表示失望和被辜負。因為那個成熟、穩重有愛心的媽媽清楚知道，她的女兒需要離開她。但媽媽內在的孩子無法忍受梅克離開，直到現在，她誤把女兒當成自己的父母，所以才會對梅克提出不恰當和過分的要求。

這就是父母和孩子的情感糾結難以解套的原因，因為它發生在無意識的童年層面上：交鋒與對抗的都不是成熟大人，而是他們的內在小孩。

歉疚感和父母脫離不了關係，而且是以一種沉重且令人不舒服的方式。讓孩子感到歉疚的父母試圖要孩子彌補某些不可能的事：要求子女應該適時回報和補償他們的養育之恩。在最糟的情況下，父母認為他們一輩子都能向孩子索求報酬。這麼做不僅毒害了親子關係，也讓孩子更加無法建立自己的家庭。因為，如果我們一生都把父母視為自己的首要責任，從各方面來看我們就無法擁有自己的孩子。除非我們把同樣沉重且不健康的角色加諸在孩子身上，就像我們當初從父母那裡承接的一樣：「你要照顧我一輩子。」

因此，當孩子對父母有強烈的歉疚感時，與其說是孩子的問題，不如說這是父母的問題：極度依賴孩子的父母會利用歉疚感，因為他們不相信孩子愛他們，也不相信孩子以真誠且不斷改變需求的方式親近他們。

也可以說，在家庭關係中提及權利和義務的人都處在一種不確定的依賴關係裡。因此，不安的父母堅持孩子有道德責任，要求孩子保證並理直氣壯地揮舞著借據，提醒孩子虧欠的東西。這也解釋了梅克和她母親之間的互動，媽媽無法照顧自己，女兒也無法擺脫過多的責任。媽媽並沒有一步一步排解她的寂寞感、建立朋友和交友圈、培養興趣或找工作，反而把全部的注意力放在梅克身上，對她的需求和要求也變本加厲。

「意思是，我的歉疚感是媽媽造成的。」在我們分析了她的家族史，了解了歉疚感的真實面和傳遞方式之後，梅克若有所思地說，「如果媽媽能對她生活多負點責任，她就不會讓我如此愧疚了。」

「這種歉疚感從來都不是真的。」我強調。

因為我們常常混淆了犯錯和歉疚感。如果我們謀畫且刻意傷害他人，我們自然難辭其咎；然而，愧疚感還是可能會在我們沒有犯下絲毫錯誤的情況下產生。設想一個遭到父親虐待的孩子，爸爸告訴他：「我們之間的事不能讓任何人知道。會這樣都是你的錯，如果你告訴別人，我就會去坐牢，媽媽會非常傷心和孤單。」這就是一種狡詐推卸責任的態度。虐待孩子明明就是爸爸的錯，他抗拒認錯的心態卻化成歉疚感轉嫁到孩子身上，雖然孩子是無辜的也會感到歉疚。

所以孩子會因為不同的原因感到歉疚：他們承擔了父母不願意承認的過錯，他們沒有滿足父母不合理的期待，或是違反了家裡的規矩，就算這個規矩沒有意義或是有害；或是因為他們無法拯救父母，例如父母有精神方面的疾病。

孩子的歉疚感往往都源自於對父母過度強烈的孝心，而這份孝心不容許動搖。許多歉疚感也是我們面對父母責備時的自動反應，或是在我們幼時就已經內化的父母聲音，並從此伴隨我們一生。

即使成年了，不合理的歉疚感仍然像一種自體免疫疾病一樣反覆發作，讓我們的日子過得很辛苦。它甚至會毒害我們以及我們的人際關係，讓我們動彈不得、奪走我們的自發性和生活樂趣，讓我們無法自由地愛人和設立界線。它將我們禁錮在孩子的角色裡，阻礙我們脫離父母獨立生活。因此，出於孝順的歉疚感讓我們永遠離不開父母，也讓父母和孩子心中的真正所願落空：一種充滿愛與活力的關係，每個在關係裡的人彼此信任且舒服自在。

放下歉疚感，你必須放棄家庭教條和拒絕保持沉默

「我能有一天和媽媽輕鬆地相處嗎？我能否在某個時刻放下歉疚感？」梅克在某次晤談時問我並說道：「我好希望能自由和放鬆一點。」梅克說出了許多飽受歉疚感之苦的人的心聲。

好在有方法和管道能消除這些讓人喘不過氣的歉疚感：首先要辨識出這些感覺，知道和什麼人或在什麼情況下會有這種感受；當父母或社會對我們施加道德壓力時，讓自己暫停一下，不要隨即做出反應。還有，和自己的歉疚感保持一點距離並梳理它們：我真的有錯嗎？還是那些不健康信念把我束縛於父母，讓我無法掌握自己的人生？

由於我們在違反規矩的時候常常會感到愧疚，因此必須確定是誰制定了規矩、我們能左右這個規矩的程度：我們是否有選擇權或是發言權？哪些條件會促使我們打破既有的規矩？這個規矩是否不再適用或是我們無法承受了呢？是什麼一直阻擋我們開誠布公地和父母討論這些事，並且商討有別以往且更適合彼此的規矩？只要我們和自己的內在孩子對話，就會聽見典型的答案：「我害怕讓父母失望或是惹他們生氣。」害怕父母可能會產生不愉快的反應，讓我們無法和他們建立起更好的關係。我們不說出自己的煩惱和期盼，而是情願委屈忍受，或是消極地違背父母的規矩，然後自己感到歉疚。假如我們的父母用生氣、斥責或是表現失望等方式來回應我們的行為，就更要檢視他們的指控是否針對我們的「不遵守規矩」。接下來

要做的就是：我們能不能道歉？為什麼要請求原諒，因為我們想要減輕歉疚感還是真的感到後悔？我們的道歉被接受了嗎？我們的家庭真的能接受道歉、寬恕並且不再追究嗎？或者，當我們的願望和父母不一樣時，我們彼此是否會緊抓著不愉快的往事，讓傷痛一次又一次重現呢？

如果你對最後一個問題的答案是肯定的，那麼你的父母可能刻意或無意識地操縱著你。如果父母沒有做好放手的準備，他們通常會希望孩子順從聽話，當孩子變得更加獨立時，他們會感到憤怒、傷心或是絕望。在孩子獨立的過程中，父母如果一再用責罵或是讓孩子感到歉疚，那就是在告訴孩子：「你要乖巧懂事一點，不要有那麼多自己的意見。」父母的這種期望當然不合理，因為他們堅持反對孩子離開自己獨立。

分辨做錯事和歉疚感往往是個很艱難的過程。為了擺脫歉疚感並且好好地脫離父母，我們必須對許多事情提出質疑，並且忍受隨之而來的新答案和相應的情緒，包括不安全感、恐懼、抗拒和憤怒。

因為，在對父母產生無力感和歉疚感的背後，總是藏著我們一直以來不得不壓抑的憤怒，因為這樣才不會傷及與他們的關係。梅克也有同樣的遭遇：當她開始刻意審視自己的歉疚感並找出誘因時，她一次又一次發現自己被母親的不快樂和她的需求糾纏，她的怒火更加無法遏止。一部分憤怒是針對母親，另一部分是對自己。

「我媽媽不願意放手，而我也把自己困住了。」這是她的結論。

梅克的憤怒是她脫離歉疚感泥淖的重要環節。她開始思考自己以及母親的責任，而不是繼續遷就母親。「為什麼我一定要忍受這一切？為什麼她中午不和朋友碰面？媽媽憑什麼在我說不之後斥責我？我受夠被歉疚感折磨，它讓我筋疲力盡，這種關係根本對誰都無益。」

此時，有些人可能會有些不安，甚至害怕：如果我們不再縱容父母而是對他們發脾氣，會發生什麼事呢？我們和父母有能力處理這股怒氣嗎？在父母為我們付出那麼多之後，我們真的可以對他們生氣嗎？假如我們可以清楚畫分每個家庭成員的責任，以至於有一天不再有歉疚感，情況又會是如何呢？我們的關係會不會支離破碎？完全不會再和父母聯絡了？請記得：我們現在聽到的那個焦慮的聲音，正是我們父母也很熟悉的聲音，它也曾導致他們（無意識地）將歉疚感傳遞給我們。這是對彼此關係缺乏信任的聲音，嚴厲譴責錯誤的聲音，因此沒有人願意承擔責任，反而極力否認過錯；這股聲音說自己不再值得被愛，它要不惜一切代價避免衝突，因為它擔心意見相左會導致關係破裂。相信這個聲音的人會被迷惑而看不清事實。

因此，我們沉默、壓抑和否定自己的感受。我們沒有設立界線，建立健康的關係，而是放任理不清的關係繼續存在。結果和父母關係裡的難題更加難解，因為當孝順與家庭和諧凌駕在自己的感受和需求之上，家庭關係的根基也會跟著被掏空：一家人表面上緊密團結，心裡卻感到寂寞和疏離。家裡越來越少交談，彼此的感覺也越來越不自在。因為我們全然不知道被什麼困擾，或是因為我們不想和父母分享感受，所以更難以交心。

二〇〇九年至二〇一三年期間，德國聯邦教育與研究部委託一組心理學家研究戰爭時期兒童受到砲彈攻擊與逃亡的長期影響。研究發現，許多受訪者展現出「對父母極度的忠誠」，這些研究人員做出明確的結論：「在描述中完全沒有提及任何衝突，這是關係不睦的跡象。」

絕口不提衝突，總是同意或按照父母的要求行事，這不是一個良好正常的關係或是一個和樂家庭該有的樣貌；相反的，它表示我們沒有（足夠）安全感表達自己不喜歡的事。

對家庭的強烈忠誠度並不代表關係穩固，尤其是當忠誠不容質疑並凌駕其他價值之上，尤其是當忠誠度依循著不健康的規則，例如家庭中出現了虐待和暴力時更是如此。

因為在暴力盛行的家庭裡多半存在著沉默的規定，孩子們往往需要很長的時間才敢打破讓他們成為父母人質的沉默誓言。這些孩子在向他人傾訴時，常常會因為背負沉重的歉疚感而掙扎。但是，保護父母卻傷害孩子的規矩是錯的。有些父母定下的規矩**必須**由孩子打破，才能（在情感上）生存下去，並從家庭的牢籠中解脫出來。

家庭治療的一名創始人薩提爾（Virginia Satir）曾列舉出在功能失調家庭中常出現的五條規矩：

1. 看什麼、聽什麼都是不對的。

2. 有感覺是不對的。
3. 表達感受和想法是不對的。
4. 為了滿足需求的要求是不對的。
5. 冒險是不行的。

每一條規矩都會讓我們失去連結的能力，首先是失去和自己的連結，接著是和他人的連結。如果我們不能覺察、感受和交流，我們就被孤立了，既無法建立自信也無法信任別人；如果我們無法冒險，就會陷在對我們不利的情況和關係裡。最糟的是，我們永遠在順從父母的期望，而不是為人生扛起成年人的責任。

辨別和拒絕不當的命令

除了不公平的規矩和條約之外，每個家庭裡還有孩子應履行的父母期望，也就是所謂的命令。命令可以和表現相關（「一定要飛黃騰達」）或是情感上的（「待在我身邊照顧我」）或是「獨立一點別來煩我」）。每個父母都對孩子都有特定的期許，然而越是無意識和僵化下達的命令，家庭成員就越難以處理，並且會在必要時不依從命令。

最讓人難以忍受的是命令孩子去做辦不到的事。這些命令裡包括了矛盾的訊息，例如：

「要成功，讓我們為你感到驕傲，但不可以離開我們！」會出現這種矛盾訊息是因為父母有各自不同的命令，但也有可能由父母其中一方所為。這些命令經常讓子女和父母痛苦地糾纏在一起，需要付出極大的努力才能認清並且拒絕命令。只要這些矛盾命令的影響力不間斷，孩子注定無法脫離父母，因為我們仍然和父母綁在一起，我們滿足他們期望的努力就注定會失敗。

然而就算父母命令很明確，一旦不適合或是對我們過於苛求，或是我們被迫接受，就會造成傷害。這一類命令會一直影響我們，直到我們的痛苦太強烈，迫使我們不得不質疑它們為止。

「我覺得我還活著。」五十五歲的畢昂卡道出許多成年人都不陌生的生活感觸。有時父母無意識的命令捆綁著這些人，這些命令不是不合理就是根本不適合，兒女過著父母安排的生活，離自己和幸福越來越遠。

畢昂卡雖然很早就離家，但她一直遵從父母的意見和命令。她在職涯上一直有遺憾，成為演員是她最大的心願，卻因為在培訓期間患上焦慮症，不得不早早放棄夢想。

「妳的焦慮在當時如何影響妳呢？」我問畢昂卡。

畢昂卡想了一會兒。「當時焦慮感越來越強烈，囚禁了我，讓我無法一個人生活，只好搬回父母家。我被迫中斷演員的訓練，我爸爸幫我在鄰近城鎮找了一份商業實習工作。」

「也就是說，焦慮讓妳更離不開父母。如果妳能實現成為演員的夢想，那會是怎麼樣呢？」

「首先我會留在柏林。我的長期計畫是進入劇場，我會過著遊牧般的生活，在不同城市裡承接不同的演出。和父母的聯絡自然會變少，或許我們會過著截然不同的生活。仔細想一想，我們可能沒有什麼話好說，他們永遠無法理解我的夢想，還經常取笑我的『好萊塢大夢』。」

畢昂卡的焦慮症摧毀了她的職涯夢想，卻鞏固了她與父母的關係。在系統治療裡，我們將問題或症狀也視為支持各自關係系統的嘗試。因此我們較少關注個人的缺陷（像是畢昂卡的恐懼感），而是關注在關係中形成的問題或徵兆以及關係的維持。因為畢昂卡的疾病，她與父母之間的關係明顯變得融洽，然而舊有的親子階級關係重現，畢昂卡的人生道路不再朝著她的夢想前進，而是符合了父母的期望。她與自己的關係變得越來越不重要，因為畢昂卡也不理解自己的焦慮，但她卻想要擺脫它，只有順從父母熟悉的生活模式才能做到這一點。

人到中年難免會不知不覺地盤點過往人生，畢昂卡早在幾年前就開始感到深刻的空虛，她的人生彷彿迷了路。在她眼裡，她的人生簡直無聊透頂，沒有心動的感覺，和她曾經夢想擁有的生活截然不同。還有許多路不曾闖盪過，許多夢想到今日都沒有實現。對畢昂卡來說，現在是有意識地哀悼未實現夢想的時候，同時也要考慮今日與未來幾年的願景是什麼。

我問她：「如果妳一百歲的時候又來找我，告訴我過去四十五年過得多麼精采和滿足，妳會告訴我些什麼呢？」

「我有創意又勇敢，五十五歲開始做自己想做的事，不在乎別人的眼光。」

畢昂卡開始去實現她的夢想，參加歌唱和舞蹈課，感受到生命的熱誠又回來了。我們最後一次晤談時，她帶了一張她不久之前加入的拉丁舞蹈表演團的簡介給我，她要登台表演了。「我超級害怕，」她不避諱地說：「但這一次我不會逃跑，我會上台表現自己，然後會為自己感到驕傲，直到一百歲的時候，我都會記得自己的人生掌握在自己的手中。」

畢昂卡很幸運，因為她有第二次機會實現她一生的夢想。她汲取過去的經驗並明白：即使時間無法倒轉，我們仍然擁有現在和未來，可以做出更適合自己的決定。

就像英文說的「盡情過人生」（To live life to the fullest）——把日子過得充實豐富，實現我們的人生任務，但很多人都錯過了，因為父母的期望阻礙了我們，特別是因為我們不敢讓父母失望。一旦我們決定做個聽話的孩子而不是獨立的大人，等於是葬送了自己的幸福前途。成為獨立的大人也包括要讓父母失望，才能夠忠於自己的選擇。

因為父母命令而錯過該獨立的年紀，這樣的情況特別令人心碎。當人生的門扉關閉時，那些錯過的東西再也無法重來或追回。

如同四十九歲的塔瑪拉，她說自己正面臨「人生的幻滅」。她的母親病重並且來日不多。「一直以來我總是滿足她想要的，」她一邊啜泣著說，「媽媽一再告訴我千萬不可以依賴男人，因此我沒有結婚，也沒有搬去和伴侶同居。」塔瑪拉從來沒有過長期的交往關係，生育也不在她的考慮之內，因為媽媽再三耳提面命，孩子會阻礙她的職涯發展。

「我找到了一個很棒的工作。」塔瑪拉在一家國際公司擔任管理職，實現了所有可能的目標。「現在呢？」她問我這個問題，彷彿我知道答案一樣。

我輕聲地問：「什麼現在？」因為她又開始哭泣了。

「我媽媽得了癌症，她活不久了。妳知道她幾年前跟我說了什麼嗎？她人生最大的遺憾是我沒能給她孫子。」塔瑪拉看起來想摔東西，我可以理解她的憤怒。她一輩子都在滿足母親的期望，聽從她的警告，到頭來才知道自己做錯了。無論我們的決定是適合自己還是符合父母的期待，如果沒有一再確認自己想要什麼，想要怎麼樣的生活，就等同讓自己陷入險境。對塔瑪拉以及許多人來說，要修正自己的方向為時已晚。然後呢？就是接受父母為我們訂下的路，一條我們不敢偏離的道路。

在許多次的晤談裡，塔瑪拉想像過不同的人生歷程：她想和什麼樣的人結婚？想跟誰同居？哪些人會讓她變得更有耐心，會願意更相信對方？她是否曾經忽視或忽略了想生孩子的願望？假如是的話，她未出生的孩子現在幾歲了呢？塔瑪拉試想人生的另一種可能時感到非常難過，因為某個男人希望她給出更多承諾，她卻太早就離開了他。她心想：「我本來可以跟他生兒育女。」但漸漸的，在對各種錯失的機會和錯誤決定感到惋惜之際，她發現自己對生活還算滿意。「我當時無法做出其他決定，我還沒準備好要放棄工作。老實說，我不喜歡當時男朋友對家庭角色的傳統觀念。即使我們同居、結婚並共組家庭也可能不會在一起太久，因為這完全不是我想要的生活，我可能會瘋掉。」

「還好，你意識到自己差點就陷入母親的期待裡。」在她鬆了一口氣，沒有因為當不成母親而感到不幸之後，我才這麼對她說。她甚至認為不必承擔育兒的責任也沒關係，現在該好好照顧自己，仔細思考適合自己、讓自己快樂的人生方向。

為什麼違背父母的期望這麼難

大家都說父母無條件愛自己的孩子。如果顛倒過來說，孩子對父母的愛是無條件的，這句話也成立。小時候，父母就是我們心目中的神，他們無所不能無所不知，沒有他們我們就會失去方向。我們只有一位母親和一位父親，他們的言教和身教對我們的影響無與倫比。原則上，我們一開始會用盡所有努力去獲得他們的愛。因此，當父母對我們有些期待，即使是不合理的、辦不到的，或根本沒道理的要求，甚至讓我們永遠離不開父母，阻礙我們獨立，我們仍然會努力達成。

榮格說：「對孩子心理影響最大的莫過於父母人生中的遺憾。」事實上，為數不少的父母都會這麼告訴他們的孩子：「去過我無法擁有的生活！」聽起來是很慷慨的期許，如果細看會發現這是一項命令，孩子要承擔父母的人生遺憾。孩子無法選擇自己的生活，卻要充實並改善父母的人生。

「你應該要過得比我好！」有什麼能夠與父母的願望抗衡呢？這正是癥結所在。即使是善意的期許，如果我們做不到或不想做，也都會引發歉疚感。孩子本應無憂無慮地享受人生，卻拚命履行父母的任務，因為**父母**決定了所謂的「更好的」人生。

然後還有一種特別的命令，它默默地要求孩子不能過得比父母更好：「你不可以比我幸福或成功。」這種所謂的「不可以比我優秀」的禁令會讓孩子陷入絕望和無能為力，而且他們往往長期無法意識到原因。自己的父母下達這般無情的命令讓當事人感到匪夷所思，甚至會痛苦至極。

超越者的罪惡感：我可以過得比父母更好嗎？

你是否曾有這種感覺，父母無法和你相處或是不會替你的任何事感到開心？

他們常常批評或貶低你嗎？特別是當你特別幸福、特別成功或開心的時候？

你和父母的教育水平、收入條件或生活幸福方面是否有差距，你因此感到愧疚嗎？或者你盲目地安排人生，拒絕機會、做出對自己不利的決定並且沒有發揮你的潛力，以致於你過得也沒有比父母更好？

如果你的答案是肯定的，或是這些問題完全符合你的情況，你的家人可能並不願意見到你的成就超越他們。我們通常認為父母總是希望自己的孩子得到最好的，在大多數家庭中的確如此。但也有一些自尊心搖擺的父母，無法忍受孩子的成就高於自己。為了不讓自卑感作祟，他們灌輸孩子貶低自我的想法。於是孩子就帶著這樣的信念長大：「我一個人辦不到，我不夠好，我不配過得快樂，我不會成功也無法獨立。」對孩子下達這種充滿傷害和限制命令的家長，往往既自戀又有玻璃心，而他們甚至毫無自覺。

這樣的事情就發生在朱利安身上，他是家中第一個上大學的人。他的父母在爺爺創立的公司工作，但時代在變，生意一年比一年差，等到他們退休時離破產也不遠了。「他們辛苦了一輩子，」朱利安說：「事實上，他們希望我能接下家業。」但是朱利安有自己的人生規劃，經過多次爭執之後，父母讓步了，卻不看好他的未來。但是朱利安成功了，而且事業做得有聲有色。他在唸書時期就創辦了第一家公司，後來賣掉公司獲取利潤，三十多歲時又陸續創辦了幾家公司並實現了財務自由。他與四年前在工作上認識的女友艾爾莎同居，艾爾莎懷孕時，她建議朱利安搬到有花園的房子。他們的朋友有意出售房子，而這棟房子正符合他們的夢想，擁有五間房間，西南坐向，還是在他們最喜歡的社區。雖然朱利安和女友輕鬆就能負擔，他卻猶豫不決。他認為不需要用到五個房間，三個就可以了，他突然覺得花園太大，社區太豪華。

「你到底怎麼了？」艾爾莎問朱利安：「我們不是要共組家庭嗎，還想要生兩個甚至三個小孩。如果現在不搬家，幾年之後還是得搬，你這想法根本不合理。」

朱利安說：「孩子可以同住一間房間就好。」

「如果沒有別的選擇，他們可以同住。但我們經濟無虞，為什麼不買下這間各種條件都完美的房子呢？我不懂你在想什麼。」

朱利安不想再繼續說下去，他已經下定決心不再討論這個話題，他說女友的要求「太超過」。

「太超過這個詞讓你聯想到什麼？」朱利安和女友神情絕望地坐在我的診間裡，我問了他這個問題。

他說：「揮霍無度，不懂得節省。」

我接著問：「你省錢想做什麼事嗎？」

他生氣地說：「要為以後打算啊！」

我又問：「你說的以後是什麼時候？你想要存多少錢呢？」

現在他直直地看著我。「妳可能想要知道細節，但我還沒有仔細想過，要我直接說出來有點難。」

「好的，那就慢慢來。這是一個重要關鍵：你以後不會像你父母一樣有財務上的困難。」

當我發現我的話並沒有引起他的不悅時就接著下去，我問他：「你怎麼看父母的財務困難呢？」

「很難受，我覺得不舒服。坦白說，我覺得自己很不要臉，當我父母勉強維持生計時，我卻要搬進這麼大的房子。」

「所以說，你把自己的財力跟父母的做比較，還有你的房子跟他們的房子。」

「對，感覺真的不好，應該說太過分。」

「也就是說，當你的經濟條件比較好，有能力過好生活，你就會有不知節制的感覺，因為你過得比父母更好？」

「聽起來很傻，但句句屬實。」

因此，這件事與朱利安和艾爾莎的經濟條件、他們想要共組家庭且需要更多的空間無關，更和艾爾莎想要更大的房子扯不上邊。重點在於朱利安的父母，他們無法原諒自己的兒子沒有遵循他們的命令，甚至還超越了他們的成就。朱利安沒有一如他們的期望在痛苦和悔恨中失敗。因此，他們公開表達不滿來懲罰自己的兒子，沒有替朱利安的成就感到開心，反而貶低他：朱利安自豪地在他們面前拿出大學畢業證書時，他們指責他炫耀學歷；朱利安擴展事業版圖承租了更大的辦公室時，他們認為他招搖；而他出差或私人旅行，在他們眼中看來是鋪張奢侈。連帶著艾爾莎也不受他們重視：當他們得知艾爾莎的父親是醫生，他們稱她「醫生的女兒」。朱利安第一次搬新家時邀請父母參加喬遷派對（艾爾莎的父母也在邀請之列），但他們拒絕了，原因是他們不習慣上流社會，不想去掃興。艾爾莎傷心又憤怒：「為什麼他們不想認識我的父母？我們已經是一家人了。」

朱利安替他的父母辯解：「他們不是故意的，他們只是覺得不舒服，這和妳或妳的父母無關。」

朱利安說的沒錯，他父母拒絕出席確實是他們自己的問題，這與他們的自卑感和破產的恥辱有關。兒子的成功讓他們更痛苦地體認到自己的失敗。這對父母沒有好好處理這些不愉快的感受，反而抗拒它們並向外投射：「都是別人對我們不好，看不起我們，所以我們離他們越遠越好。」就連自己的兒子也被當作敵人，因為他的兒子沒有乖乖聽他們的話當個普通人。

自戀型父母要麼把孩子當成自己的翻版，為孩子的成就沾沾自喜，要麼無法忍受孩子的優秀。兒子比父親更有運動天賦？所以他被譏笑是傻瓜；兒子比父親更有學問？所以別人笑他不擅長運動；女兒的身材比母親更苗條？有人就會說她是到處招搖，人家才會注意她的身材；女兒的感情比母親的還要幸福？有人警告她等著看，她的另一半在某天會背叛她，相信永遠的幸福就太天真了。每當孩子稍微和父母保持距離，並且相信自己會過得比父母更好時，唱衰的聲音就會在耳邊響起：你認為你比我們還要優秀嗎？你認為你賺的錢會比我們還多嗎？

當父母因孩子的成就而感到不是滋味時，往往會開啟貶低孩子的循環：他們「不記得」孩子的工作或是在哪裡工作，或是任意且時不時貶低孩子。父母會把被孩子超越的不甘心傳遞給孩子，特別是父母對孩子的成功不以為然，或是表現出漠不關心甚至用蔑視來懲罰孩子，孩子當然會感到受傷。父母的這種懲罰會導致親子關係決裂；但最終往往是孩子踏出最後一步，因為父母早就斷絕了情感的聯繫。

朱利安也察覺到與父母的關係越來越疏離，但他無法改變任何事情，所以感到無能為力。他想起自己小時候和父母關係緊密，渴望能重建之前的親密感。讓他極為痛苦的是，他的父母逼得他沒有選擇：為了家庭和睦讓自己活在陰影之中，或是為了獨立和人生幸福付出高昂代價——失去和父母的親情。

朱利安的父母和多數人的父母一樣，行為並非出於惡意，而是內心深處的不安全感在作祟。因為許多反對孩子向上爬的父母，並不相信自己與孩子之間的連結很穩固，就算孩子住在豪宅裡、擁有三個教授頭銜，甚至和貴族結婚過著幸福的生活，無論是什麼樣的生活條件都一樣。做父母的只關注到和孩子之間的落差以及自己未能取得的成就，還有羨慕、嫉妒的情緒和生活中的匱乏。他們經常重複上一輩做的事：當自己鼓起勇氣邁向寬闊幸福的人生時，就會招來擔憂和無情的批評。

像朱利安父母一樣，禁止孩子尋找自己人生方向的父母經常有排外的傾向：「如果你一直這麼自視甚高就不必再來探望我們了」、「你和你那些知識分子朋友把事情都複雜化了，你們就坐在象牙塔裡，說起話來文縐縐的讓人接不上話，我們在你眼裡恐怕不夠聰明」、「你現在是百萬富翁坐擁自己的房子，你們肯定看不起我們了」。

和說這些話的人沒有關係或不認識的人才能聽得出其中的委屈，但身為子女的只聽到一件事：「你做錯了，不管你做了什麼，我們不愛你了。」他們聽不出父母話中的自卑感與跟不上孩子的羞愧，也聽不出他們擔心一旦孩子意識到自己比父母優秀就會離開，最終彼此生活在不同的世界，或許很快就無話可說了。因為在「禁止超越」的背後——儘管影響很殘酷——其實隱藏著失去的恐懼。這種禁令能把孩子緊緊栓在父母身邊，迫使孩子無時無刻把父母擺在第一位，最後導致孩子被期待為父母犧牲自己。

於是，孩子陷入了兩難：每當他們多為自己著想時，就會讓父母失望。他們看不出父母不合理的要求，因為他們早就習慣了，也無法跳脫這個思考框架；此外，他們以往就對父母千依百順。總之，許多孩子早已把父母對他們的限制完全內化，以至於他們無法進步，之後也遲遲無法脫離父母。他們非旦沒有長大成人獨立，反而依賴著父母和他們的認同。

「我做每一件事之前都會先看我父母的反應，」朱利安說：「自視甚高、無法無天、目中無人，這些話讓我很難受。」

我問他：「如果你送東西或者長時間資助他們，他們會做何反應？」這麼問是想了解朱利安的家庭對於給予和接受別人東西的看法，以及如果這麼做，朱利安的歉疚感會不會少一些。

「這些我當然都想過，他們永遠都不會接受。他們二十五週年結婚紀念日時，我送他們度假飯店的住宿，他們覺得太浪費沒必要，還要我不要再送東西，把錢省下來。」朱利安只是想送父母一份特別的禮物，他們卻把節儉度日的價值觀套在兒子的心意之上。即便他們的拒絕傷了朱利安的心，但是父母不接受一份他們認為不合適的禮物仍是一種正當的決定。

然而，不只是父母可以不認同孩子和他們的價值觀，孩子也應該要能做到這一點：朱利安的父母遵循了自己的價值觀，朱利安也要能捍衛自己的價值觀。前提是，朱利安要認清自己的需求，而且允許自己過喜歡的生活。因為他已經不再是孩子，不需要事事徵求父母的同意。

「對，我不再需要父母點頭同意了，」朱利安認同地說，「但他們的反對和不認同仍舊困擾著我。我也不是每次都讓步，我努力找到折衷的辦法，這樣才能和艾爾莎維持好關係，也不會完全失去了父母。」

「折衷的辦法，」我重複著朱利安的話，「當你沒有遵從父母要你繼承家業的願望而自己創業時，你如何說服他們？」我想藉由這個問題提醒朱利安，在他生命中的某些時刻，他並沒有朝著父母期待的方向發展，而是順應並且落實了自己的心願。

朱利安驚訝地看著我，「這不能相提並論。」

「當時有什麼不一樣嗎？是什麼讓你決定違背父母的殷切期盼呢？」

朱利安沉思了一下子。「那時沒有第二條路。我想上大學的願望如此強烈，就像一種基本需求，假使我的父母禁止我喝水，我不會聽從。」

過度依戀父母的孩子往往會忘記這一點，因為他們太過習慣於順從父母的願望，或是採取折衷的辦法以免觸怒了父母。然而就像朱利安的人生一樣，免不了會有例外的時刻，在這時候他忠於自己更勝過父母。

如果能喚起記憶中那些沒有人可以阻擋我們偏離心之所向的時刻，對我們會有莫大的助益。長遠來看，內在的清醒和隨後的果斷行動不只讓我們自己，也讓父母活得更輕鬆。當我問及一個生活以外的問題時，朱利安意識到了這點：「你想像一下，二十五年後你把公司交棒給自己的兒子，你的兒子拒絕了，因為他寧願從事一份完全不同的工作。如果是你會做何感想？」

「完全沒問題，我自己也是如此。」朱利安毫不猶豫地回答。

「假設你兒子決定違背你的心願之後，反而過得比你更好呢？如果你的兒子二十五年來沒有一絲歉疚感，因為他過著自由無負擔的生活，而你今天卻因為對父母感到內疚而深深痛苦，你會怎麼想？」

朱利安的眼眶含著淚水。「那就太好了，我真心希望他能這樣。」

朱利安給了自己兩個關鍵答案：他免除了兒子延續父親人生的責任，沒有讓孩子畫地自限；他祝福他的兒子一切順遂，無論他的人生道路將通向何方。

我們不僅要祝福孩子，也應該要允許自己自在過生活，放下父母灌輸給我們的歉疚感，因為人生來不是為了要滿足父母的期望。

總有一天，我們每個人都應該減少關注父母的期望，多看重自己的人生願望。身為大人的我們擁有權利和自由，甚至有義務為自己做決定。而且，每一個有意識的決定都會帶來美好的結果：我們擺脫了自己內心的糾結和不合理的歉疚感，同時也讓父母從他們的歉疚感中解脫。因為身為父母最重大的責任，也是他們最了不起的成就，就是把孩子培養成負責任的成年人，能夠意識到自己的需要和底線並依此生活，即使有時候孩子的行為會與父母的期望背道而馳。

倖存者的罪惡感：為什麼步上父母的後塵也無法拯救他們？

「悲傷不是購物袋，你不能把它提在手上。但是我小時候卻不斷試著從父母手中接過提袋。」比利時作家麗澤・絲碧特（Lize Spit）回憶著說。她從小就十分擔心父母，甚至和父母的角色顛倒：「就像彈錯的音符一樣，這份龐大的責任讓我的童年變了調，我從不知道什麼是無憂無慮。」十七歲那年她在布魯塞爾讀大學，遠離了家鄉。「然而我一開始很愧疚，每當過完週末要離開家時，我會因為父母的痛苦和孤獨感到痛心。」麗澤決定壓下歉疚感，「我調整自己的態度，不在父母面前顯露情緒。但這種感覺仍困在身體裡某個地方，我甚至能觸摸到。」有些孩子的做法不同，他們選擇為難自己，這樣才能抑制住對父母的愧疚。因為不只是父母會一直限制孩子的發展，有時孩子自己也會這麼做。特別是面對人生經歷過悲慘遭遇的父母，孩子經常割捨不下他們，害怕他們會孤單。在有創傷及心理疾病父母身邊的孩子，往往不知不覺中太早承接了太多的責任：他們取代了失去的、死亡的家庭成員，成為父母其中一人的替身，或是和父母的角色對調，背負父母的職責。沒能好好當小孩並且過早替父母盡責的人會一直陷在角色錯置之中，他們認為自己一輩子都要照顧父母，甚至不惜犧牲自己的人生幸福。當孩子脫離父母並且過得比父母更好時，他們總是會心懷愧疚，彷彿有一條看不見的繩索把他們和父母的不幸捆綁在一起，於是他們把整個家庭的情緒重擔扛在自己的肩上，但卻沒有因此讓父母感到更輕鬆。

跟隨父母踏上不幸之路的人多半是不自覺的。如果孩子只想和父母生死與共，不允許自己過上更好的人生，束縛他們的就是那份強烈的忠誠感。父母的不幸也主宰和限制了他們自己的人生，即使他們只想讓孩子過得好。這種不幸的忠誠感甚至被命名為「倖存者的罪惡感」。

在他人死於災禍的時候，倖存者會受到罪惡感折磨。他們反覆苦思為什麼自己能倖免於難，尤其是死去的人與他們有很深的情感連結，他們認為活著充滿罪惡和不公平，於是再也找不回活著的樂趣，彷彿失去了活下去的權利。唯有懷著罪惡感才能和死去的人保有聯繫。

父母有心理疾病或創傷，他們的孩子也會養成一種倖存者的罪惡感。三十三歲的帕莉從小就患有憂鬱症，她覺得自己沒有價值，生命也沒有一點意義。她多次住進精神病院，在那裡短暫地找回了生活的勇氣，直到下一回又發作。她來找我，想和我一起繪製她的家系圖（Genogramm）——從情感遺傳的角度繪製的家庭結構圖。

她的家庭中有許多創傷經歷：飽受折磨並被驅逐家門的祖先、沒有人追悼的親人、在受創傷父母身邊長大的孩子，他們從來不知道安心是什麼，吸吮著摻有父母創傷和恐懼的奶水。我得知帕莉的母親從她出生就患有嚴重的憂鬱症。帕莉的父母離開家鄉，為了讓孩子們到德國享有更好的生活，他們愛兩個女兒勝過一切，願意為她們做任何事。「他們總是說，我們要過得比他們更好。這也是為什麼我得了憂鬱症是雪上加霜。」帕莉沮喪地說：「他們為了我們付出那麼多，所以我非常歉疚。」

「多麼沉重的壓力啊，」我說，「為了向父母證明他們做的一切都是對的就不能得憂鬱症。」

「但是憂鬱症太可怕了！」帕莉說，「我真的很想擺脫它！」

更讓人驚訝的是，帕莉並沒有真的投入治療。她在診療室裡表現出積極的模樣，但卻沒有完成每回面談之後的「功課」。而且，她阻撓自己跨出前進的每一步，憂鬱的情況稍有好轉就被事後毀掉。只要病情有所進展、重新找回生活中的樂趣，她就不再繼續任何能讓她保持穩定的事：寫情緒日記有助於她辨識自己喜歡或是應該儘量避開的事，但她不寫了；曾經熱愛的皮拉提斯課程，不去了；她「忘記」自己正向的信念，不眠不休拚命工作，飲食不正常。她為自己做了那麼多，卻又再次精力耗竭迷失自己。我們的數次晤談不過是白費功夫，每次彷彿都要重頭開始。

幾個月之後，我問帕莉：「如果妳真的大幅進步了會怎麼樣呢？如果憂鬱症就這樣永遠消失不再找上妳了呢？」

她回我：「我不知道。這樣一切就會變好了嗎？」

我又問：「如果一切都步上正軌了，妳的生活會變成怎麼樣？」

她細數著：「我的人際關係、工作和生活，一切都會變得容易一些，我不會再對父母感到那麼愧疚。」盡一切所能對抗憂鬱的思考和行為模式，這些都是很充足的理由。然而，某部分的她似乎能在憂鬱時獲得些什麼，於是經常陷入不知所措、疲憊不堪，然後被隨之而來的歉疚感淹沒。因此我也提到了接納憂鬱症的觀點：「假如妳接納了自己的憂鬱症呢？停止對抗它，而是與每年一兩次的憂鬱期共處呢？」

帕莉憤怒地望著我。她說：「我人在這裡就是為了好起來，我不願意忍受憂鬱症。」我很高興從她的話中聽到了反駁和一絲的不滿，因為憂鬱症患者時常上演自我攻擊的情況。不允許自己對別人發怒的人，有時就轉向攻擊自己，像是產生毀滅性的念頭和自殘行為。事實上，帕莉對媽媽感到很生氣，因為媽媽有嚴重的憂鬱症卻仍不尋求專業協助，於是帕莉情願**自己**得到憂鬱症，這樣她就不會再感受到自己在生氣，也不必把這份情緒加諸給媽媽。帕莉的憂鬱症還有一個功能：經歷和母親相同的痛苦表示對她的不離不棄，這份共同的痛苦把她們牢牢綁在一起。帕莉無意識地選擇了和母親一樣的命運，她沒有脫離家庭、沒有設立界線，也沒有好好照顧自己。

憂鬱症的成因很多，遺傳的因素、早年的依戀創傷、對自己和世界的負面看法，以及突發的社會心理壓力。上述成因都可能造成帕莉的憂鬱症，但她的憂鬱症持續到現在，主要是她對患有憂鬱症的母親過度忠誠，以及她堅守著「我不能過得比母親更好」的念頭。心理疾病父母的孩子認為自己對這一切有責任，（不得不）拯救父母卻失敗了，於是經常會對父母產生歉疚感。於是這種跨世代的倖存者罪惡感連同沒有被覺察的信念成形：「只要我救不了我的父母，我就不能過得比他們更好。」帕莉的母親如果知道這些無意識的枷鎖讓她的女兒生病肯定會感到震驚。因為帕莉的父母並沒有限制孩子的發展，反而希望他們勝過自己。然而，父母的期望和帕莉自己的救世主幻想融為一體，陷入了死胡同裡：當帕莉無法實現「我應該要過得比父母更好」的要求，她會因為未能達成要求而感到痛苦；但如果她真的過得比母親更好，她又會因此而受到罪惡感折磨。

有很多像帕莉這樣的成年子女，因為父母的命運坎坷而不顧自己的健康和幸福。這些孩子的生活就擺盪在徒勞無功的拯救任務和歉疚感之中。

「我的人生就是這樣。」帕莉點頭說，她在剩下的治療時間中哭了。她承認了隱藏在歉疚感背後的情緒：她的無能為力、憤怒和悲傷，因為她救不了母親。

無論孩子或是成年人，誰都無法拯救父母，即使某些父母會傳達這樣的訊息，但這本來就不是我們的功課。

因為，無論我們的人生順不順遂，能否達成父母的命令，無論我們多麼努力地減輕他們的痛苦，我們都無法改變過去發生的事，更無法挽回或彌補任何傷害。即便我們重複父母的痛苦人生，也無法更靠近他們，就算我們試圖承擔他們的不幸，也無法減輕他們的難受。父母的幸與不幸本來就掌握在他們自己手裡，正如同我們自己的人生，從某個時刻起已完全操之在己。

漸漸的，帕莉卸下了拯救者的角色，一步步擺脫她與母親的情感糾葛。她沒有繼續被歉疚感壓垮，而是專注在事實上：「我的行為、感受和想法對媽媽有幫助嗎？」絕大多數的答案都是否定的。意識到自己與母親的憂鬱症並沒有太大的關連，讓她不再陷入歉疚感的循環裡，而是專注在她真正能影響的事物上：自己的人生。

愛父母並不表示放棄彼此之間的界線。特別是在患有心理疾病的父母身上，兩代之間的界線變得模糊，父母的痛苦延續到孩子這一代幾乎是難以避免。但是，隨著我們年紀漸增，我們越來越有能力立下界線，更能決定放下父母的壓力。我們能不受父母掌控，找到自己的人生幸福，立下與父母之間的界線也是獨立的一環。這並不表示我們在父母需要幫助時丟下他們，而是找到一個不會壓垮自己的平衡點。而且，我們允許自己過自己的人生，無論父母的人生在過去或現在有麼艱難。

我還能給父母什麼？

假設你已經質疑過自己的歉疚感，打算擺脫它以及父母不合理的期望，那麼你正走在成為獨立成熟大人的路上。但是，如果外力強加的義務條件不存在了？如果歉疚感的束縛消失了？如果你已經學會拒絕父母不合理的要求，接下來你該如何和父母相處呢？

現在你可以看見我在本書開頭承諾過的一個願景：你知道自己可以選擇想給予父母什麼。或許你會問，這樣會不會太自私了？早已內化的家庭和社會規範與限制，還有意料中的歉疚感又跑了出來：把自己的需求看得比父母的還重要，真的可以嗎？

讓我們來做一個小小的思考練習：你是一個成年子女的母親或父親，你可以選擇和孩子建立一段良好真誠的關係，這份關係由愛、相互感謝和平等對待滋養，並且你們能共同商討互動方式；還是這段關係必須要遵循身為父母的你所立下的規則，孩子是出於歉疚感才照著做。

你自然會選擇第一種，除非你虧欠孩子，不確定他是否愛你並願意主動維繫關係。但更重要的是，終結這種被不安與歉疚感所毒化的關係循環，才能為你的家庭打造更好的互動條件。

關係不會自己改變，唯有靠我們和人連結、相遇並主導關係。如果我們有意識地說出自己的需求，和父母有時僵化的關係也會有轉圜的餘地。如果我們能做到這一點，那麼被強迫的義務最終會變成自願的互動關係，並且能夠帶給我們快樂。

傑奧格也經歷過同樣的事。他在幾次晤談中哀悼與父母的痛苦關係之後，告別了他的歉疚感和折磨他的依賴關係。

母親中風的那一年，傑奧格五十四歲。「情況很嚴重。」他父親在電話那頭告訴他這個消息，要他立即趕到醫院。傑奧格放下手邊所有的事，以時速一百公里的速度奔向醫院。一路上他千頭萬緒、百感交集。傑奧格強迫自己放慢呼吸，整理好內心的思緒。他在我們晤談時已經發現到：他很害怕沒有見到母親最後一面，這樣他會愧疚一輩。他不滿父親的霸道，父親總是反應過度，他也擔心妹妹，因為她和母親的感情很好。但是不能和母親道別才令他最為坐立難安。當他覺察到自己的需求時，他的情緒緩和了下來，一下子就意識到他的行為和感覺是一致的：「與其說這是父親的命令或責任，其實是我自己想做的事，我想快一點見到媽媽。」

抵達醫院時，他看到父親憔悴地站在母親的病房前。當他上前想給父親一個擁抱時，父親轉身說：「快點去看她吧。」傑奧格感到一陣痛心，被父親推開的熟悉感又回來了。妹妹已經站在母親的身旁，她抱著傑奧格默默地流淚。

「我媽媽閉著眼睛一動也不動地躺在床上，吃力地呼吸著，我很開心自己趕到了。妹妹握著她的手，輕輕地將她的頭髮從臉上撥開。我只是靜靜地站在那裡，有點慚愧又有點羨慕地看著眼前的景象，因為我無法觸碰她。我也想和她這麼親近，但我做不到。」

這個痛心的時刻讓傑奧格在心理治療初期時陷入內在的極度不安，因為自己沒辦法當個完美的兒子而產生了強烈的歉疚感。傑奧格是家中的第一個孩子，他被教養成要有長子風範。他母親按照納粹時期德國醫生兼作家約翰娜・哈勒（Johanna Haarer）主張的疏離育兒方式撫養他長大，源自於當時的國家社會主義意識形態，對孩子冷漠且沒有溫暖。小時候只要他的行為不正（尿褲子、飯沒吃完、吃飯前沒洗手或是成績太差）就會挨打。比起父親，母親打他打得更兇，而且對他施以精神暴力，不尊重他的任何界線。直到他十四歲了，媽媽仍堅持幫他洗澡，他搬出家裡之前，她都一聲不響地闖入他的房間。每當他萌生獨立的念頭時，立刻就會遭到打壓，母親羞辱他，無視他的許多需求。

紀律和秩序是許多二戰後家庭的主要教養方針，傑奧格家也不例外。每當他不聽話，年幼的他就會遭到身體或精神上的暴力，這種暴力和壓力使他變得不像自己：他明白父母對他的要求，對自己的需求卻不甚了解。

四十五歲的他站在垂死母親的床邊，認清自己的需要或許與家人的期望並不一致，然而忠於自我對他而言是邁向自主的另一座里程碑。他心想：「一個好兒子應該要抓住母親的手，親吻她和她道別。」但他清楚知道：「我不想這麼做。」他決定按照自己的感覺和需求來表現，不再一如既往地順從父母的願望。

到了下一回晤談時，他問我：「妳會不會覺得，我不是一個好兒子？」

就像許多被歉疚感餵養長大、離不開父母的孩子一樣，傑奧格認為需要一個像「父母形象」人物的保證，例如他的心理治療師，確保他已被允許獨立且不會被遺棄。不過，傑奧格採取下一步行動的時機成熟了：不需要經由我的肯定，他已經能體會到那份安心感，因此我反問他：「你認為自己不是個好兒子嗎？」

「按照常理來說確實很奇怪。」

「你自己怎麼看呢？」

「我沒有選擇，」他說：「我很高興我妹妹也在病房裡，她能溫暖地回應媽媽、和她有肢體上的接觸，這是我做不到的。」

「你說你沒有選擇，」我重覆了他的話，「你是指，你的雙手動彈不得，無法觸摸你的母親嗎？」

傑奧格立刻明白了我的意思：他當然有選擇。他可以選擇當個撫慰母親的乖兒子，或是以他認為自在的親密程度與她相處。

我告訴他：「這是個健康的獨立過程，你認真看待自己的感受，也展現出相應的行為態度。在對所有人來說都充滿挑戰（即使不是壓倒性的）的情況下，你扛起了責任。」

傑奧格點頭表示同意。「是啊，最棒的是，我不像以前那般滿腔怒火或是糾結不已，我也不再感到愧疚。」他說話時露出驚訝和滿意的語氣。傑奧格努力了很長一段時間，他看清了自己的童年創傷並且為自己哀悼。他學會不再對父母壓抑童年時的憤怒和無力感，而是接納它，讓它慢慢地消退。他仔細思考了父母的期待和他的歉疚感，在母親過世時，他用適合自己的方式和她道別。傑奧格成功地調適了自己，這是他辛苦得來的成果。比起外界對他的評價，他個人的幸福變得更重要了。

瑪根和坦妮亞這對姊妹也為了離開八十多歲的雙親付出許多努力。她們的父母在幼時被飽受戰爭創傷的祖父母忽略。那時，父母經營著一家小文具店，瑪根和坦妮亞或多或少必須靠自己。四個寂寞孤獨的人組成了一個家，無能為力的父母把「照顧自己」的任務交給女兒，迫使她們和父母角色互換，直到現在依舊如此。

自從母親失智了以後，父親被迫關掉文具店，她們才知道父母多年來沒有盈利而且是舉債度日。瑪根和坦妮亞十分震驚卻很快就鎮定下來：「我們必須照顧他們一輩子，所以現在我們來釐清過去所發生的事。」

「還好我們有能力償還父母的債務，」瑪根說：「我們兩個有很好的工作，也能放下一些事情，而且我們沒有小孩。」

「但我們有父母，」坦妮亞說：「基本上，他們就是我們的小孩，因為他們直到現在都沒有真正獨立，我們還必須照顧他們。」

父母親的店收掉、債務也還清了之後，兩姊妹思考著接下來的路。父母那一點微薄的退休金根本不夠支付房租。坦妮亞很憤怒，瑪根則是心灰意冷，除了繼續資助父母，她們沒有別的辦法了。姊妹倆住在海邊養老的夢想破滅了，因為她們的積蓄現在都用來照顧父母了。

但是，她們在一趟海邊旅行的途中發現一個新建案，裡面有空房要出售。一個可以供養父母又不必犧牲她們夢想的想法突然跳了出來：她們決定在北海附近買房子給父母住。父母抗議不想搬離城市的公寓，她們一概不理。「是你們搞砸了自己的退休計畫，不是我們，」兩個女兒的立場很堅定，「如果你們不想流落街頭，就搬進我們買的海邊公寓。」

然後姊妹倆就負責接下來所有事，也不再知會父母。房子的設計就好像瑪根和坦妮亞要搬進去一樣，而不是父母。有時父母試圖介入，但兩個姊妹並不讓步：「如果住進養老院，他們無法決定廚房的大小或是磁磚的顏色，更何況他們也沒出到半毛錢，表現得又像我們的孩子，這回我們也會把他們當作孩子來對待。」這番話聽起來可能很刺耳或沒有同情心，但對瑪根和坦妮亞來說卻是一個設立界線的重要步驟，可以預防自己日後不滿。這麼做是為了父母，也是為了她們自己。那些曾經導致憤怒、無力感和死了心的不平等情緒變少了，因為她們有更多自主行事的空間。這一次，她們沒有因為父母留下的債務而感到措手不及，她們決定主動承擔照顧父母的責任，但是以適合她們的方式、甚至長遠看來對她們有益的方式進行。

「現在感覺更像是多虧了父母，我們老了以後才有度假公寓可以住。」事實上，她們使用公寓的時間比預期要早得多。自從父母搬進海邊公寓後，姊妹與父母的關係明顯和緩許多。她們經常在週末拜訪父母，和他們一起散步幾個小時。姊妹的態度越清楚和分明，她們和父母的衝突也越來越少。

能像坦妮亞和瑪根一樣關注自己需求和界線的人，就能一步步擺脫與父母之間不愉快的糾葛。因為成年了以後，我們就不再受父母和他們的期望與規則束縛，我們有權，甚至**必須**一起商討如何經營關係。還包括幫自己重新定位並做出決定：

我願意滿足哪些期望？哪些不行？

我喜歡用什麼樣的方式互動？不喜歡什麼方式？

我對自己與父母之間的關係有什麼樣的期待？

還有：我準備好認真看待我自己和我的需求了嗎？即使遇到衝突也會捍衛自己？

能做到最後一點的人，已經朝著獨立之路邁出了一大步：當我們對自己的需求負責，也就是對我們的人際關係負責。藉此，我們能改變不健康的關係結構，創造新的平衡，讓在關係中的每個人都被重視，需求都能被聆聽。與其選擇屈服或反抗，我們可以有自信和有同理心的態度溝通協調；我們可以察覺到父母的需求，無須顛倒角色，也不必承擔過多或過於沉重的責任；我們可以與父母建立親密的連結，同時也設立健康的界限；我們可以接納分歧的意見且不必感到愧疚。

離開父母獨立並非輕鬆的散步，更像是一趟長程步行，途中充滿高低起伏。這趟旅程挑戰我們，質疑我們一直以來堅信的想法，最重要的是讓那些一直被壓抑的情感得到了喘息空間。因為獨立意味著認識自己的感受，而非像父母在我們年幼時所做的那樣，立刻否定它或推開它；獨立也是覺察自己的能力，而不是像我們在父母身上學到的，一再越過自己的界線。獨立還需要自主地做出符合自己感覺和價值觀的決定。這種明確的立場能夠讓每次的相處都充滿真誠和快樂。於是，讓父母失望不再是不可饒恕的罪行，而是找回自己以及與父母建立相互尊重關係的關鍵。哲學家兼耶穌會教士麥可．博爾特（Michael Bordt）寫道：「每當我們讓父母失望時，也代表了一個有自主意識人能夠和父母立下界線，也能夠發掘適合彼此關係的模式。」

脫離父母獨立意味著擺脫不合理的父母期望以及由此產生的歉疚感，並且要辜負父母某些期待並學會面對他們的失望，就像是接受成長的痛楚一樣，因為這是長大成人的一部分。獨立以及隨之而來的自主人生，代表著你認真看待自己的感受與需求，並且忠於自我。

第3章

他們走在前頭，走得太快，因為沉浸在自己的思緒中，結果忘記了我們，不久後他們消失了。唯一無法理解的是，我們竟然期待別的結果。

——瑪莉蓮・羅賓遜（Marilynne Robinson），《管家》（*Housekeeping*）

沒有實現的兒時願望：父母還欠我什麼？

有些父母從某個時刻起就不再當父母了，可能是在孩子還小的時候，或者孩子已經長大成人。父母能輕易放棄他們的責任嗎？父母不會是永遠的父母，孩子也不會是永遠的孩子？事情其實沒有這麼簡單。

在孩子出生後的幾年裡，父母自然要肩負起照顧的責任，成為他們的依附對象，迅速且細心地滿足孩子的需求，這是理想的情況。然而漸漸地，孩子越來越獨立，也不再那麼依賴父母了。因此，與父母分離基本上是一輩子的課題。

然而有一些子女不想讓父母卸下責任，即使他們早就成年組成自己的家庭，對父母仍然抱持著特定且不切實際的期待。

尤其是父母未能夠達成的願望。這些長期未獲得滿足而導致的失落感，有時會讓人陷入執著。有些人終其一生都在等待父母實現自己的願望，儘管願望一再落空。他們渴求和期盼、咆哮和抱怨，竭盡全力去改變父母。然而總是用同樣一套方法、用同樣的步驟以及用受傷的內在小孩觀點來戰鬥。這樣的行為耗費精力且徒勞無功，注定會以失敗告終。

特別是父母患有心理疾病的孩子，例如父母有心理創傷、憂鬱症、成癮問題或是自戀型父母，或者是被冷落、操控、受到精神或肢體暴力或被侵犯的孩子，他們往往很難放棄對父母的期待，直到今天仍然深深被童年時期的缺憾所困擾。

父母越是沒有能力修復親子之間的裂痕，越是無法體會孩子的需求，孩子就越渴望擁有理想的父母。或是相反的情況，孩子會失望、有放棄的衝動，並且想要斷絕與父母的聯繫。

許多人並沒有意識到他們糾結的是什麼，為什麼陷在死胡同裡。於是他們把自己的人生，包括人際關係、職業生涯和所有重要的決定，全都投注在希望自己所願都能夠實現。

認清父母一直沒有滿足我們什麼，以及為了心理健康和成為成熟大人，我們必須放下什麼，這是脫離父母獨立的下一個重要步驟。

我對父母還有哪些期待？

茱莉亞，五十六歲，因為不擅長和男性相處而來找我。她老是遇到「錯的人」，結果一直都單身。雖然她渴望有一個家庭，但她從來沒有和男人同居過也沒有小孩。「不知道為什麼，我想要或渴望的東西都不會成真。」她道出了對人生的體會。

如果我們在關係裡總是重複同樣的劇情，就必須仔細檢視劇本：它是怎麼出現的，當然還要問，我們為什麼一再重演這個劇本？一般來說，我們會因此看見我們和父母之間未化解的衝突。

茱莉亞感到被父母遺棄了，特別是她的媽媽漢娜。「我爸爸在我四歲時就離開我們了，他搬到很遠的地方，在那裡有了新的家庭。因此媽媽是我最重要的人，不過我們之間還有姊姊布麗塔。」大女兒是媽媽的最愛，母女到現在仍然住得很近，而且媽媽過分干涉大女兒的生活。自從媽媽退休之後就照顧著孫子們，讓大女兒可以去上班。

茱莉亞很多年都住在離家鄉三百多公里遠的某個大城市。為了保護自己，她很少去探望媽媽。「她不給我好臉色，因為我沒有結婚、沒有孩子、沒有穩定的工作，在她的眼裡，我就是不折不扣的失敗者。」茱莉亞說道：「我姊姊不一樣，她是最棒的。即便她當時搶了我的男朋友，還和他生了三個孩子，她一點錯也沒有，錯的反而是我。我如果對男友好一點，這一切就不會發生了。姊姊從來沒有向我道歉，媽媽也說她不想插手這件事，要是換作我搶了她的男朋友，媽媽就會要我低頭道歉。即使我姊姊做了糟糕的事，她永遠是清純無瑕的。」

雖然事情已經過去了三十年，還是可以明顯感受到茱莉亞的委屈。

我問她：「妳還愛那個男人嗎？」

「沒有，」茱莉亞回答，「事情都過了那麼久了，我也已經很久沒有提到他了，我只是想讓媽媽承認我是受害者。」

在治療過程中，茱莉亞很明顯地無法對過去遭遇的不公平釋懷。她認為，當媽媽承認姊姊犯了錯，站在她這邊一次，只要一次，她就能真的放下。

「我應該再去找她好好談一談嗎？」茱莉亞一再問我這個問題。她已經和媽媽談過好幾回，但是媽媽始終沒有說出她想聽的話。每回談過之後，茱莉亞的心情都會跌到谷底，要數日甚至數週才能恢復。

「為什麼她會這樣？為什麼她總是那麼討厭我？」每次和媽媽見面都不歡而散，茱莉亞感到自己不被重視也不被接納，她都會問我這個問題。

許多當事人幾十年來與父母相處的模式一直在重複，震驚或憤怒的感覺一再出現，彷彿自己是頭一回被父母傷害。在那些時刻，父母不是以成熟大人的姿態回應，而是用他們孩子的那一面，一個只有四歲不到的孩子，因為我們都保有一種孩子般的自我中心主義，認為所有人的想法都一樣。從四歲左右開始，孩子才發展出思考能力，才意識到其他人的想法和感受跟自己不一樣。

如果父母無法參與心理治療——因為當事人或他們拒絕，或是他們已不在人世——還是有其他可行的方法：想像父母就在診療室裡。透過這樣的方式，試著和父母溝通或見面，可以克服在現實中已做不到或不再可能的事。於是我向茱莉亞提議，請她想像媽媽從門口進入我的診間，坐在她對面的沙發上，接著我請她和媽媽說話。茱莉亞冷靜了一下子，接著對媽媽說出一切她想說的話，她盡可能保持沉穩，不帶一絲指責並保持公正。「我常常覺得妳不重視我，好希望妳能稱讚我一次。我最在意的是，就算布麗塔犯了錯，妳還是會保護她，很久以前就是如此，每回爭吵妳都說是我的錯。我多麼希望妳知道，布麗塔搶了我的男朋友，這件事一直是我心裡的痛。我不想責怪妳，我想要妳關注我並且體會我的感受，就算只有一次也好。」說完茱莉亞深吸了一口氣，身體靠向椅背。

我問她：「現在感覺如何？」

「緊張，憤怒，但我好怕媽媽會像以往那樣跑掉，或是沉默不說話，所以我集中精神，沒有像我真正想做的那樣一味指責她。」

我請茱莉亞坐到另一張椅子上，想像自己就是媽媽，擺出她的姿勢，用她的聲調和語氣說話，換句話說，要暫時假裝自己是媽媽。茱莉亞融入媽媽的角色時，說話的語調提高了：「我是個稱職的媽媽，我不知道我女兒又想要我做什麼。她一直給我壓力，卻沒有看見我已經付出了一切。」

「我明白，」我說：「妳是不是覺得受到女兒攻擊？儘管妳認為已經為她付出許多？」

她點頭。「我已經給了她一切！妳看看她！我為了兩個女兒犧牲，茱莉亞卻只會指責我。」

「這一定很難受。妳最好明確地告訴女兒，妳為她做了什麼，或許她完全不曉得。有時候，孩子是用既定的方式認識自己的媽媽，如果妳能幫她換個角度就太好了。」

「跟妳談話讓我不舒服，我覺得妳在逼我，我現在就想走。」

「很抱歉，這不是我的本意。妳或許可以告訴我是什麼事情讓妳感到壓力，這樣我才能改變。」我問她。

「我說過，我是一個好媽媽，而我的女兒只在乎她認為自己沒有得到的東西。」

「我了解。妳已經竭盡所能為女兒付出了一切，妳是個盡責的好媽媽。當妳的女兒提到她沒有得到的東西時，妳覺得壓力很大。妳的女兒也同樣跟妳說了一些她自己的事、她的近況和她對妳的期待。妳是否了解女兒對妳的要求呢？」

「老實說，我不在乎我女兒想要從我這裡得到什麼。身為母親，我希望我的女兒不要指責我，我真的受夠了。」扮演媽媽的茱莉亞嘆了一口氣，起身走出房間並關上了門。我等著茱莉亞回來，她哭了，看來這個角色扮演讓她很痛苦。

「妳們平常都是這樣講話嗎？」我問茱莉亞，她點頭，「我儘量平靜地說出我的失望以及我的期待，她不回應，然後告訴我她是一個超棒的媽媽，我不應該指責她，多年來一直都是如此。我覺得她從來不聽我說話，而且我讓她感到心煩，我的存在讓她不舒服。」

茱莉亞的心情平復之後，我問她：「妳扮演媽媽時覺得如何？」

「我覺得被攻擊，很生氣而且無力。我女兒總是丟同樣的問題給我，我卻沒有別的答案，好累。」

「看來妳們都同樣感到沮喪，妳們說的話沒有人聽，覺得被對方誤解，聽到的都是批評。」

有人能看見茱莉亞的痛苦，並且有一個看重她的旁觀者，能夠理解她的挫折感，這對她來說是件好事，因為她的母親無法進行建設性的對話。從治療的角度來看，茱莉亞能同理媽媽也一樣重要。她感受到媽媽聽到女兒的指責有多麼恐懼，以致於她不得不極力保護自己，結果兩人完全無法碰觸到真實的彼此。

茱莉亞在這次晤談中哭了很多次，「我無法忍受我媽媽總是如此。」我同意她的看法，要接受我們的父母不完美，偶爾甚至稱不上是「好父母」並不容易。從茱莉亞扮演媽媽的過程中，我發現了一成不變的母職樣貌：她們付出所有，所以不該受到孩子的批評。這就是漢娜無法傾聽並同理女兒，也無法用愛的方式回應她的原因。和許多父母一樣，她寧願在歉疚感中掙扎，也不願承認世界上沒有一個媽媽能做到盡善盡美。

「要看到父母原本的樣子很困難，」我告訴茱莉亞，「尤其是當我們對他們的期望很高，而他們——無論出於何種原因——沒有辦法滿足我們。」

到了下一回的晤談時間，茱莉亞沒有出席，再下一次也是。我寫信詢問她好不好。

「不好，我很氣妳。」她回：「這不是我想像的治療方式，我想要妳能幫我和媽媽談談，不要把我搞得越來越絕望，而我已經夠絕望了。」

有些事情在治療中不斷重演：我讓茱莉亞失望，跟她的媽媽一樣；她想要的我給不了，跟她的媽媽一樣；她生我的氣，但不敢直接坦白地告訴我，她也不敢這樣對媽媽。尤其她仍然不願意放棄希望，還認為媽媽能像被施了魔法一樣，變成她想要的樣子。

在治療關係中，衝突常常會在無意識中重演，卻也剛好創造出解決衝突的契機。因此，我謝謝茱莉亞的信任和她對我表達不滿的勇氣，並邀請她多和我聊聊這件事。很多人像茱莉亞一樣，在心理治療期間頭一次體驗到他們在人際關係中能有不愉快的感覺並批評他人，卻不會因此受到懲罰、被看輕或拋棄。在接下來的晤談時間，我接納了茱莉亞的失望情緒，同時婉拒了她的不可能任務：「很抱歉讓妳失望了。妳所期盼的事我無法達成，而我能理解妳的憤怒和失望。雖然我希望妳能找到方法改善和媽媽的關係，但我無法改變妳的媽媽，我能做的是從旁支持妳，反思妳未實現的期望，並且找到更健康的應對方式。而我能向妳保證，我會和妳一起承受憤怒和痛苦。」

茱利亞的憤怒已經平息，她現在感到深深的失望，並且意識到她的感覺早就伴隨自己許久。她在這次的晤談中更加認識了自己：四歲的茱莉亞被爸爸拋下，無法從媽媽那裡得到支持，這個四歲小女孩感到絕望，因為坐在媽媽懷裡的永遠都是姊姊，當她夜晚做惡夢，想要爬到媽媽床上時，姊姊早就占據了位子，她需要父母的陪伴，卻感到沒人在乎她。

茱莉亞心裡的那個四歲小女孩想聽媽媽承認自己當時錯了，她應該要多照顧茱莉亞；她還想聽媽媽對她說愛她，無論是過去或是現在，她都是很重要的人。而媽媽不知所措，以至於她仍然在逃避責任，沒有辦法抱著女兒對她說：「很抱歉，我讓妳感到被丟下，雖然我沒能好好地表達和告訴妳，但我愛妳。」

我們無法改變童年或父母，卻可以開始仔細審視自己的願望。因為，放下父母沒有實現的願望和期待也是成長的必經之路。現在就要認清一件事：我們一直沒有從父母那裡得到的東西，可能永遠也不會得到了。

放下錯誤的期待才能好好與父母道別，這件事讓人十分痛苦，因此，即使早已長大的孩子也會一再沉溺於不切實際的渴望，他們只是不想面對父母沒有能力滿足他們過去的心願。

明明你已經是大人，卻總是對父母感到失望，又放不下他們最終成為理想的父母的期望——你覺得自己幾歲呢？一定比你的實際年齡還小。因為，人到了一定年紀之後，經驗會告訴我們，人無法從根本上改變。然而我們的內在孩子還不知道這一點。

因為，兒時為了生存，我們的內在小孩必須依賴父母，所以無法放棄希望，希望總有一天父母會更關心他們。現在，我們不再需要靠著父母才能活下去了，我們希望能與他們有更好的關係，但我們不必再仰望著他們。沒有他們，我們仍然能生存，但我們的內在小孩沒有意識到這一點，讓我們相信我們仍然需要父母，就像當年一樣。

「如果妳媽媽說她了解妳，站在妳這邊，妳會有什麼改變？」我問茱莉亞。

「我終於可以找到平靜，然後我可能不再需要她了吧。」

「如果你不再需要媽媽了，妳的人生又會是怎樣呢？」

茱莉亞沉思了許久，「我想，我心裡會平靜許多，不會再一直掛念著她。」

「也就是說，她對妳的付出越少，妳就越依賴她，」我總結她的想法。

她一臉倔強地看著我。

「請妳仔細想想：妳現在真的還需要媽媽嗎？」我再次試著點醒她其實擁有成人的決策能力。她聳聳肩，我們都感覺得出來，她內心的一部分還沒有準備好放下，期望媽媽仍然對她「有用」。

當一個人如此依賴父母時，必須找出其背後的動機，或者說要揭示他自己的行為。必要時，心理治療師會採取刺激的手段。美國心理治療大師歐文．亞隆（Irvin Yalom）曾描述他某位同事請求一名四十五歲的女性病患和過世的媽媽對話，她不斷重複同一句話：「媽媽，除非妳不再像對待十歲時的我那樣，否則我不會改變。」透過這種方式，這名病患將面對「她處境的荒謬，還有她為了抗爭，悲慘且無謂地犧牲了自己的人生」。

茱莉亞也陷入了這樣的困境：一旦媽媽不願改變從小對待她的方式，她就打算保持原狀。她堅持，「直到媽媽妳滿足我之前，我都不會放下我的期待。我絕對不會放棄希望，就算一再失望，也不願承認妳比不上別人。我不想和妳分開，也不想學著和失落感共處，我寧願被妳束縛，不要長大。」

旁觀者都清楚，茱莉亞永遠無法實現改變媽媽的目標。但說實話，我們之中有許多人都走不出這個糾結。我們竭盡所能希望父母在某些方面能變得不一樣，變得更好。為了達成這個目標，我們任憑受傷的內在小孩帶頭，帶著以往的失落和用老方法抗爭，以求最後獲得關注。我們繼續將自己困在曾經的匱乏感裡面，而不是下定決心脫離過去令人不滿意的人生劇本。

但是要怎麼樣才能脫身呢？還有，為什麼我們難以放棄對理想父母的渴望？

如何放下虛幻的期待

從外表並不能辨識出一個人對父母的過度依賴。有些人有能力組成自己的家庭和創立公司，在任何層面都表現得很傑出，但內心深處卻被失落的孩子支配。他們一直在情感上依賴父母，受到欲望的驅使，不斷追尋最後能被疼愛和尊重的那一刻。就像四十五歲的艾瑞克，他正考慮和爸爸斷絕聯繫。

「我真的受不了了，」他在第一次晤談時說，「每次見面，我爸爸只想聽我做了哪些成功的事。但他從來不稱讚我、肯定我，他會突然起來離開房間，或是繼續讀報紙。每次都這樣，什麼時候結束談話都是由他來決定。」

我懂艾瑞克的不滿和失望，他覺得自己像是爸爸的加油站，爸爸只要聽夠了兒子的成就就中斷交談。而艾瑞克卻什麼都沒有得到，期待從爸爸那裡獲得關注和認同都一再地落空。

他曾試著和爸爸溝通，但只換來爸爸發脾氣甚至更加疏遠他。「他一個人主導我們的親子關係，而我不想再忍耐了。如果不是我媽媽，我早就和他斷絕來往。他總是那麼冷漠，拒人於千里之外。」

認清爸爸從來不是艾瑞克心中想像的模樣是很重要的一步。期待父母滿足自己期望的成年子女應該問問自己以下的問題：父母曾經變成我們想要的樣子嗎？還是我從小就一直在追尋從未存在過的理想父母幻影？我何以證明，父母在這段期間已經變得不一樣，並且能滿足我的需求？

如果父母不太可能滿足我們的期望，那麼就該放下這份希望了。

正如我們可以從父母的期望中釋放自己一樣，在某個時候，放下對他們的期望也很重要，至少在他們本來就無法或不願意滿足我們的期望的時候。只要我們一心想從他們身上得到什麼，就會陷入不能沒有他們的孩童狀態。我不是指你不能跟父母說清楚自己的期望，如果你試了無數次都沒有成功就該認清事實了，並從此重塑你和父母的關係。不要抱持錯誤的期待，而是形塑有別以往、有自覺的相處模式，包括檢視我們自己如何產生虛幻的期望，導致我們與父母的關係惡化。

「當你說，在你看來是爸爸專斷地決定互動方式，那你的表現是什麼，讓他這麼對你？」我這麼問艾瑞克，目的是想讓他暫時聚焦在他做的事，並感到自己有發言權。

因為，如果我們多年來與父母的不愉快關係已經成為一種習慣，我們往往不會意識到自己也是這種關係的一部分，我們參與其中，屈服於舊有的規則或者一起攪和，實際上是一種「勉為其難」。

艾瑞克發現，在去父母家的路上，他已經在思考過去幾周發生的好事，那是父母想知道的事，他必須報告給他們聽。

「你精心準備和爸爸談話，在去他們家的路上你有什麼感覺？」

「糟透了，」艾瑞克大喊，「有時我寧願掉頭回家，不過我當然從沒這麼做過。」

因為艾瑞克是個乖兒子，他對爸爸有期待，渴望父母滿足他未完成的願望，就像歉疚感一樣強烈地束縛著他。

所以我問他，在什麼情況下，他會滿心期待地前往父母家？

艾瑞克回答：「答案只有一個：我爸爸不再像以前一樣。」這是所有人馬上都想得到的標準答案：某個人應該做出改變，不愉快的情況就會緩解。彷彿他人的改變對我們來說才能證明真正的愛，而我們經常抱持著這個希望，因為唯有這麼做，關係才能維繫下去。不幸的是，正是這種期待限制了原本的關係以及彼此的互動，因為我們完全把主導權交給別人，自己情願當個受害者。

「當然，你爸爸能一夜之間轉變就再好不過了，」我附和他的說法，「但是可能性很低，要是這樣的話，你會怎麼應變呢？」

艾瑞克考慮避開爸爸，或是不再為了和爸爸談話做準備。事實上，他一開始並沒有想到澈底停止與爸爸之間的問答遊戲。因為這個遊戲對他來說是有意義的：試圖讓爸爸實現他的願望。他和爸爸陷入了一種「如果……那麼……」的相處困境：如果兒子做好每一件事，那麼爸爸就會喜歡他。

艾瑞克突然回憶起小時候的感覺：當他能成為爸爸期待的模樣，他就會得到爸爸的疼愛和關注。「我一輩子都在努力取悅他，」他震驚地說，頭一次意識到自己的生活多麼以爸爸為中心，「我覺得很憤怒，」過了一下子他又說：「我氣我爸爸利用我，但我也氣我自己長期都配合他。」複雜的糾葛情感被揭露的第一時間往往會伴隨著憤怒的情緒，而憤怒的背後藏著深刻的哀傷，因為被愛不是因為自己而被愛，而是必須努力去贏得父母的愛。

唯有我們允許這種悲傷進來，同理年幼時的我們，哀悼我們有權得到卻沒有獲得的東西，到那時候才能開始療癒舊傷口。然後，我們就能逐漸退出與父母進行的無意識遊戲。因為當父母直到現在都不了解小時候的我們需要什麼，自然也很難給予我們想要的東西。最終我們會明白，現在必須自己掌握人生。不能繼續任由父母或年幼的我們左右自己，要以成熟大人的想法來設定人生方向。

因此，我再次問了艾瑞克，下回和爸爸碰面時想怎麼做，才會讓他之後見到我時告訴我：「我喜歡和爸爸見面。」

「我想和他聊聊書，」艾瑞克說，「我們都喜歡看歷史書，這是我們少有的共同點之一，或是可以一起陪我兩歲的兒子在花園裡玩。」

「這是個不一樣的、輕鬆一點的遊戲，」我接著補充說，「一個從沒玩過的遊戲，而且是你挑選的。」

艾瑞克為了和爸爸見面所想出來的每個點子，都是一種能擺脫舊有不愉快局面的方法，從中帶來的轉變都證明了他有能力影響和爸爸之間的關係。在這段期間，艾瑞克多次嘗試用新的方式和爸爸相處，但不是每個方法都奏效，尤其是在初期，爸爸還是會把兒子拉回以往的「如果……那麼……」模式。不過艾瑞克時時提醒自己，他會改變話題或當下離開，就能打住不愉快的互動關係。

「雖然不是每一回都很順利，但情況已經大有改善，」艾瑞克總結最近一次和爸爸見面的感想。他學到了自己能主導每一次的見面，他不必等待爸爸改變。然後，艾瑞克放下了想要從爸爸那裡獲得什麼的期望，他有能力認同自己、欣賞自己。尤其是當父母非常挑剔或難以放手時，做孩子的更要逐漸減少對他們判斷的依賴。因為對於成人而言，父母是否同意他們的觀點不再是關鍵，重點是我們要走自己的路，不管父母如何評價。

我們做的決定沒有一定要得到父母的稱讚

朋友的五歲女兒每隔幾分鐘就走進廚房，像芭蕾舞者般一邊轉圈一邊問：「媽媽，妳看，我是不是很棒？」

「很棒，」我朋友笑著對女兒說。她一臉笑意地回顧了女兒從幾天前上第一堂舞蹈課以來的進步，因為我們都知道，這個年紀的孩子需要關注，所以我們對於孩子的干擾都能泰然處之，並稱讚這個五歲孩子轉圈轉得有多棒；我們也明白，當她覺得自己獲得充分關注和認可時，她終究會「厭倦」。精神分析師海因茨．科胡特（Heinz Kohut）曾說，因為孩子需要看見「媽媽眼裡的光芒」；家庭治療師薩提爾則一再強調，孩子需要父母讚美他們，滿足他們的「自尊存錢筒」。我們的自我價值感並不是憑空生成的，而是靠著最初的第一個依附對象，也就是父母。他們反映我們的童年，幫助我們建立健康、穩定的自尊心，就像五歲的小女孩剛才和媽媽分享跳舞的喜悅，她也同樣感受到：「我被看重，媽媽關注我，替我感到驕傲。」

現在，我們想像一下這個女兒不只有五歲而是三十五歲，她每隔幾分鐘就走進房間然後大喊：「媽媽，妳看，我是不是很棒？」

這場景太瘋狂了，很少有成年人會像五歲小孩一樣經常向父母報告，但自我價值感越低就越依賴父母，就越需要父母的注意、讚美和認同。為了博取父母的認同，我們（有時完全沒有意識地）按照父母的期待過生活。當他們沒有充分誇獎我們的努力或成功時，那種委屈很難受，於是我們加倍努力，希望最終能滿足他們並得到讚美。

相反的，自我價值感越高的人，越不需要外界的讚美和鼓勵。擁有健康自我價值感的人會感受到自己的價值，不必費力取悅他人。他們不那麼容易受傷，更樂於接受批評，也不那麼害怕衝突。這些人不會被誤認為是自戀型父母的翻版，因此他們不必活在父母的期待之下，他們允許自由發展，父母更認識到他們的需求並鼓勵他們的才能，卻也不會強求他們。相較之下，有穩定自我價值感的人在成長路上的阻礙比較少，主要是因為他們的父母支持他們，包括在脫離父母邁向獨立的道路上。

托比亞斯，三十二歲，他的銀行戶頭就算在收入穩定情況下仍經常是赤字，偶爾不得不跟父母借錢，卻從來都沒還過。他和女友已經交往三個月，他請求父母在一家咖啡店單獨和他碰面。

「我女朋友懷孕了！」在咖啡都還沒上桌前，他就開心地報喜。

「我的天啊！」媽媽張大眼睛震驚地說，爸爸則是沉默地扶著桌子。

托比亞斯巴不得起身離開，再也不要和父母多說一句話。他能猜到父母不會替他高興，他們一直把他當孩子，他已經受不了了，自己都已經是大人而且就要當爸爸了，到底還要怎麼樣跟父母證明才夠？

媽媽在震驚時說出的話導致了這個家庭的破裂，托比亞斯真的轉身離去，獨留在咖啡店裡錯愕的父母。一開始，他不接任何電話，直到父母建議一起去找家庭治療師。兩個月前，他們在咖啡廳不歡而散之後，首次在我的診所見面。我們一起努力理解並確定衝突的根源：不幸的是，托比亞斯父母和許多父母一樣模樣憂心忡忡，他們只看到風險和托比亞斯過去總是無法履行成年人的責任，沒有看見托比亞斯在為人父之中的成長機會。

兒子的反應則是和那些還沒離家的孩子一樣，像是受了傷的孩子，帶著積累下來的無助和失望，因為父母仍然把他當作孩子。

在共同晤談的時間裡，他們三個人講述著許多過去的事，以證明對方不是好父母也不是好兒子。

在我看來，他們三個人似乎試圖滿足所有的期望，並拚命補償任何的失敗。父母把所有的期待寄託在獨生子托比亞斯身上，他們為了兒子付出一切，卻也暗自期盼兒子能同樣地回報他們。托比亞斯決定成為音樂家，並一直追求他的夢想，這意味著他必須長期依靠父母的經濟支援。

不知不覺中親子關係越來越糾結，托比亞斯仍無法脫離父母。因為，當父母覺得他們的兒子沒有做出最明智的職業選擇，因此無法養活自己時，他們時不時責備他，卻沒有放他自力更生。「雖然我們也覺得這麼做不妥當，但如果沒有持續在經濟上支持他，我們會認為自己不是好父母。」

另一方面，成人托比亞斯雖然選擇了自己的工作，但至今都不像個大人堅持下去。因為他不像其他同事會在缺錢時找兼差度過難關，反而請求父母贊助，也因此默默地強化了彼此以往的角色：有愛心的父母和有依賴傾向的孩子。

當托比亞斯宣布要當爸爸時，父母的負面反應讓他失望，結果這一家人開始質疑這種無意識的矛盾相處模式。因此，這場衝突也是一個機會，讓這個家庭重新組織起來，彼此變得更加獨立，態度也更加成熟。

在某次單獨晤談時，我問托比亞斯，如果他在經濟上獨立的話，父母的反應是否還會讓他感到受傷？如果是這樣，他是否有可能更從容、自信地面對他們說：「你們不必擔心，我辦得到。」

托比亞斯也同意，「我父母的反應讓我備受打擊，因為我的確在某些方面還依賴著他們。」這個想法是脫離父母的關鍵一步，藉由認清與父母的糾結關係，日後可以更好地分清自己的和父母的反應。同時他意識到，現在是承擔更多責任並在財務上獨立的時候了。

又一個例子讓我們知道：成長過程中要是踏錯了一步，無論是之後脫離父母的過程或是和他們的關係都會變得更加困難。我們越依賴彼此，關係越糾纏，就越容易受傷和失望。

在下一回的共同晤談裡，我向托比亞斯和他的父母提出許多問題，讓他們更加聚焦在現有的互動方式，並且認真地思考他們對是非觀念的假設。

「為什麼你如此看重父母同意你生小孩這件事？」我問托比亞斯。

「這跟他們同不同意無關，這是我想要的，我在意的是，他們從來沒有替我感到開心。」

「既然你獨自決定你的人生，不需要經由父母的同意，為什麼他們替你開心會如此這般重要？」我很好奇托比亞斯的想法。

他不解地看著我，「難道妳不希望父母替妳感到高興嗎？這不是每個孩子的期望嗎？」他把問題丟回來給我，他認為這是每個人都會有的問題，也把自己的行為合理化。

「如果我們的父母同意我們的決定，甚至為我們感到高興，這對我們所有人來說當然更好，」我說，「但是如果你的父母不這麼做，你的生活會有什麼不同呢？」

「我會很失望，」托比亞斯邊說邊望向他的媽媽。媽媽的眼睛裡充滿了淚水，她當然不想讓兒子失望，但這不會改變她的擔憂，在她看來，兒子不明白自己要扛起什麼樣的責任。

「很好。」他們親子三人驚訝地看著我。兒子對父母感到失望，父母對兒子也有相同的感覺。我們都不會成為別人期待的模樣，這也是成長的一環。重點是我們怎麼面對？難道要說服別人他們是錯的，應該要接受我們的想法？還是忍受這種情況帶來失望和難過，然後讓別人來承擔，而且我們不需要為此負責任？我轉向托比亞斯：「為什麼你父母不能表現出有點驚訝的樣子？為什麼他們不能認為你的決定太草率？如果你**真的**不需要父母同意你的決定，他們反對也沒用，不是嗎？」我試著透過有挑釁意味問題，在世代之間畫出新的、更健康的界線，並且清楚讓他知道，他才是賦予父母太多權力的人。

接著我轉向他的父母：「從上次的談話中我得知，你們對當下立即的反應感到抱歉，但你們仍擔心兒子無法扛下成為即將成為爸爸的責任。現在你們很清楚，兒子的人生你們無權置喙，唯一能做的是盡父母的責任。這個部分似乎還不那麼明確，是嗎？」

「你指的是？」媽媽問我。我觸動了她對自己不是一個好媽媽的恐懼，連爸爸也是一臉驚慌。

「你認為，聽到三十二歲的兒子說自己幾個月後要當爸爸了，如果是一百分的父母會怎麼回他？」我問他們。

「不能這樣斷章取義，」爸爸對我的簡單提問表達抗議。

「你試著想想，」我堅持地說：「假設你告訴父母——情況與你兒子完全相同——自己將成為爸爸或媽媽，你會希望從他們那裡聽到什麼回應？」

他們兩人看著彼此沉思許久。接著爸爸回：「他們替我感到開心。」媽媽哭著點頭附合。我們每個人都希望，即使父母不理解我們的決定、感到擔心或是基於各種原因反對到底，但他們仍然會祝福我們。

然而更重要的是，我們要盡可能放下這樣的依賴。因為不管父母認同我們的生活與否，在我們做決策時，他們應該退居後位，因為我們過的不是父母的生活，是我們自己的。適合他們的未必完全適合我們，反之亦然。過度仰賴父母認同的人可能會放棄自己的人生，甚至為了父母放棄自己的幸福。

這並不表示我們做決定時不能考慮父母的意見和他們的價值觀，但是我們不應該把父母是否滿意擺在第一位。某些時候，忠於自己比讓父母驕傲來得更重要。

父母眼中閃爍的光芒是我們童年時確定自我價值不可或缺的要素，但總有那麼一天，我們認可自己的目光會變得比其他人，甚至是比父母的更重要。我們要為自己的人生掌舵，即便是朝著與父母設定的反方向前進，這就是成熟大人的模樣。

就像莎拉，她決心要辭掉工作和男友環遊世界一年。「我已經計畫好了一切，存夠了錢，之後把房子轉租，花一年的時間去做我嚮往的事。所有的事情都很完美，除了和媽媽的關係以外。自從我告訴她這件事，她一直很害怕並想勸我打消念頭。」莎拉一邊說，一邊難過地看著媽媽。

「如果妳的女兒為了堅持一個想法而放棄一切，妳會做何感想？」莎拉的媽媽問我，我看得出也聽得出她有多麼絕望。

「妳似乎完全高興不起來，」我說，「妳煩惱女兒的計畫裡哪些事？」我能想像這位媽媽在煩惱什麼，但根據我的經驗，一個人能吐露自己全部的煩惱很重要，如此一來他才更願意聆聽他人。在她說出自己的煩惱之後，我覆述了每一段內容，讓她知道我明白她所說的，接著我問莎拉是否能理解媽媽的憂慮。

「很難，」莎拉回答：「我想得很清楚了，我們經濟自足，面對所有可能發生的情況也有後備方案。現在我要開始做讓自己開心的事，所以才規劃了這次的休息，我想放下一切。」

莎拉的情況和艾瑞克和托比亞斯完全不同，坐在我面前的是一位煩惱的媽媽，她不同意女兒的計畫。然而比起艾瑞克和托比亞斯，莎拉的內心很堅定，她不需要媽媽點頭同意。不管媽媽說什麼，她都會放下工作休息。媽媽能祝福她最好，但不會影響她的決定，最重要的是，她希望媽媽在她環遊世界的期間一切平安，不要每天提心吊膽。

「媽媽，我已經長大了，」莎拉強調地說，「六年前我就搬出家裡了，妳看，我不是活得好好的！

「是這樣沒錯，但妳在德國也有穩定的生活。」媽媽彷彿在說，女兒在德國就不會遇到意外或生病一樣。

我說：「請描述一下妳的女兒。」接著我舉了一個例子給她：「她是不是很有責任感，還是滿腦子有不切實際的想像？」

她做了一次深呼吸，開始說：「我女兒很有責任感，也很有音樂細胞，不知道為什麼我就先想到了這個，」母女兩人都笑了出來。「莎拉很有創意也很風趣，她喜歡旅行也結交了很多朋友，」媽媽接著往下說：「現在妳想放棄這一切？」這個問題聽起來帶有指責的意味。

莎拉認真地看著媽媽並點頭。「我三個月後就出發，一年三個月後回來，世界會繼續轉動，然後我就回來了，一切都會和以前一樣。」

「妳會找不到工作。」

「媽媽，妳不知道。在我們這行業裡一直會出現新的職缺，我的能力很好。而且即便不能馬上找到工作，我也有足夠的存款可以生活一陣子。不過老實說，這是我的事，我會負起責任，妳不需要想太多。」

「如果日後妳女兒也有類似亂七八糟的想法，妳就這麼回她吧。」媽媽說著就哭了起來。

「對妳來說，最糟的情況是什麼？」等媽媽稍微冷靜下來之後，我問她。

「萬一發生什麼事，我沒辦法在她身邊。」

「唉唷，媽媽，」莎拉說著站了起來，將媽媽抱在懷中，媽媽也回抱她。

可見她們母女的關係充滿了愛。在莎拉的爸爸過世之後，她們之間就產生了一種相依為命的關係。

「妳一輩子都守護著女兒，」我對莎拉的媽媽說，「妳看，妳把女兒教得多麼優秀，莎拉有愛心又善解人意。而且，她堅持她想做的事，雖然妳極力阻擋她。莎拉不只面對自己的生活，連帶扛起所有事情的責任。她一直都在向妳表示：『我長大了，妳可以放手了！當我小時候爸爸過世的時候，以及後來的日子裡，妳一直都陪在我身邊，現在我有能力照顧自己，我也想這麼做。』」

莎拉的媽媽專心地聽我說話，在我對莎拉的描述中，她感受到對莎拉的欣賞與肯定，也明白這是自己身為媽媽的成就，而她所能做的就是信任這個良好的基礎。

「現在是輪到身為媽媽的妳對孩子放手的時候了，妳知道莎拉盡了最大的努力，設想得很周到了。妳也明白，莎拉會努力照顧好自己，一年之後她就能平安地出現在妳面前。」我停頓了一下，接著問：「妳相信嗎？妳已經給了她這一路上最好的條件，」她點頭，「妳認為自己可以信任女兒嗎？」她聳聳肩，吸了吸鼻子，「嗯，可以。」

「那麼，還需要做什麼才能讓妳祝福女兒盡情冒險，並且相信一切都會好起來？」她尷尬地擤鼻涕，然後坐直了身體，用堅定的聲音說：「妳一定要常常跟我報平安。」莎拉對媽媽微笑並伸出手，媽媽也擊掌回應她。

接下來的一小時，他們花時間討論「常常」的頻率，就像兩個成年人最後達成雙方都能接受的折衷方案。

看著這位女兒和她媽媽充滿愛的互動，卻也能夠保持界線，這是多麼大的驚喜啊！莎拉沒有因為媽媽起初的不開心感到受委屈，而是能理解媽媽並體會她的煩惱。儘管媽媽不同意，她也沒有因為這樣感到歉疚，而是清楚地表達並執行自己的願望。她也沒有跟著捲入媽媽的情感世界裡，而是忠於自己且不傷害母女的關係。因為莎拉已經夠成熟，和媽媽之間才能達成這種平衡關係，媽媽的心情好壞都不會左右她，因此才能走自己的路，也能積極地維繫母女的關係。莎拉可以明確地為人生做決定，因為她不把自己和媽媽的幸福綁在一起，然而她們的關係仍然深厚而親密。就算剛才有了磨擦，彼此還是願意改變、成長和坦誠以對。離開父母獨立並不會影響關係裡的愛和親密，相反的，獨立讓大家更有愛的能力。

接受現實，拿回主控權

為什麼比起茱莉亞、艾瑞克或托比亞斯，莎拉可以不那麼依賴媽媽的認同呢？大概是因為她已經在某個重要時刻得到父母的認可，而其他人卻沒有得到父母正面的回應。

如果我們擁有自信和高度的自我價值感，我們的人生就不會受到他人意見和認可的左右，也能和這些人保持更好的關係。遇到批評時，我們更能感同身受、不容易覺得被攻擊和被冒犯。

因此，這種根本心態幫助成年的我們不再繼續把父母理想化，把過多的主導權交到他們手上。不過，雖然沒有莎拉的幸運，茱莉亞、艾瑞克、托比亞斯和其他童年過得不如意的人，也可以隨著年齡增長脫離父母獨立。

其中包括了放下我們的期待，不再奢望父母會成為我們小時候所想要的模樣。我們一直用錯誤的期待在填埔空虛，現在必須換別的來填補，這個填補物就是現實本身，是我們所有的情感、憤怒和失望，是我們所有過去沒有實現、現在不會出現，未來也不會發生的哀傷。

我承認，這乍聽之下讓人興趣缺缺。難道我們要用不愉快的感覺來取代原本的希望嗎？確實只有這樣才能放下不真實的希望，最後才能照顧我們的內心小孩。因為，只要我們抱著錯誤的希望，一直欺騙和忽視我們內心受傷的小孩，我們做的基本上就和當時父母對待我們的方式沒兩樣。

然而，開始真正接納自己感受的那一刻，我們也接納了自己內心的小孩。可以感受到舊傷口（傷口的起源）哀悼我們的傷口，然後治癒傷口。隨著放下的虛假希望越多，我們也越來越接近真實的自己。

接著又會迎來新的療癒時刻：我們體驗到感受變得不一樣了，也體驗到迎接失望之後的巨大自由。因為接受父母無法滿足我們的期待，我們又再邁出了獨立的一步；我們不再繼續依賴對父母的期望，而是認清現實，接受它與所有的感受。

所以我們用現狀來填補過去的空虛，一點一滴地改變感受，因為只有接納感受才能放下感受。因為被壓抑的情緒會變得更強烈，會以一種令人害怕的激烈程度反覆攻擊我們，然而面對情緒卻容易得多，因為這些情緒對我們來說不再陌生，不再是敵人，它屬於我們，我們能認出它，就能更快地冷靜下來。曾經受過情傷的人都知道，那種痛苦巨大到讓人無處可逃，但隨著時間推移，感受會漸漸淡去。當我們回首往事時仍然能回憶起它，卻是以一種更溫和、更能忍受、更有距離的方式。德國作家威廉・布施（Wilhelm Busch）曾寫道：「曾有過的痛苦，我接受它。」我們得以回顧過去曾克服的痛苦，是因為我們已經將它轉化為打磨我們的人生經驗，如今它已經成為了往事。

無論我們想得到父母的安慰和放心，想得到他們的稱讚，或是他們永遠認同我們的人生決定，即使我們一再體驗到父母無法滿足我們的需求——這些我們遲早都得放下。沒有通過這個人生成長階段的人，往後在愛情關係中可能會再次體會同樣的失望。

如果能放棄虛假的希望，接受對父母的失望，就能奪走他們支配我們的力量。父母是父母，他們有好的一面和壞的一面，他們曾犯錯，甚至可能是可怕的錯，因為他們懂得有限、能力有限，很有可能在我們身上重蹈了他們上一代的錯。父母也是人，難免會讓孩子失望。但是，看見失望是一種解脫和一個開啟成熟關係的機會：不是和父母，是和我們自己。看見失望也是和幻想說再見，同時幫助我們用更成熟的角度看待父母。

我們的父母到底是什麼樣的人？他們怎麼變成現在的模樣？是什麼影響了他們、傷害了他們或是讓他們失望？這些問題都很重要，因為能讓我們明白，爸媽不只是爸媽，他們曾經是孩子，曾經承受著父母的期望和他們對父母的失望；他們曾經為人子女，是帶著傷痛和脆弱的凡人，就像我們一樣。

第4章

女兒都知道自己的母親也曾是女兒，但每個女兒都會忘記。

——德國記者兼作家朵蒂・漢森（Dörte Hansen），《故土》（*Altes Land*）

用大人的眼光看父母

美國藏傳佛教金剛乘阿尼佩瑪・丘卓（Pema Chödrön）在一場演講中提到她的母親很難相處：憂鬱、批評、挑剔、囉嗦。在她二十歲時的某一天，母親的一位舊識前來拜訪，在這之前她從未見過這名友人。母親和她共度了美好的時光，神奇的是：佩瑪頭一次用不同的角度看母親——從老朋友的視角看母親，期待和母親見面，和她開玩笑並開懷大笑。在她看來，母親是個厚臉皮又有趣的人，換句話說，是一個很棒的人。突然她意識到自己一直以來只透過女兒的濾鏡看母親，而且母親的形象一層不變——「但她遠不止於此。」

如果我們不只透過孩子的濾鏡來看父母，而是用一種全新的方式來看他們，就像觀察從未見過的陌生人一樣，我們對父母的印象會有什麼變化呢？能確認的是：他們一定遠不如我們所看到的那樣，他們曾經是孩子，曾經是沒有孩子的熱戀情侶，他們滿懷壯志和夢想，有些已經實現了，有些則破滅了；他們也是別人的姊妹、兄弟、朋友和上司，他們不只是媽媽和爸爸。

只用特定方式看待父母的孩子不在少數，因此他們分辨不出父母的不同：他們眼中的父母非黑即白，不是好父母就是壞父母。有些孩子不得不將父母理想化，唯有這麼做才能維持與父母的關係。尤其是在忠誠度高於一切的家庭中，對父母的批評被視為有罪，因此既不能感覺也不能表達出來。更有一些人形容父母是怪獸，對他們沒有好印象。這兩種極端的態度都顯示孩子沒有完全獨立，因為無論是理想化父母或毫不留情的批評他們，這都代表我們只看見他們的某個特定部分，而沒有將他們看作完整的個體，有時甚至認為他們的性格互相矛盾。

唯有把父母看成普通人，他們有值得讚許也有不足的地方，我們才會用凡人的眼光看待從前如神一般的父母。然後我們才有可能適時脫離父母獨立，並同時建立一種關係，彼此不再陷入舊有的義務、嚴格的儀式和常見的渴望和失望裡。

如前幾章節所述，檢視家人之間的期望有多麼重要，包含父母對子女和子女對父母的期待。同時，我們也知道在獨立過程中必須歷經特定的過程，如果沒有一一克服，之後會遇上哪些阻礙。我們也認識了自己內在的受傷小孩，最終他們必須受到關注，這樣才能治癒以往的傷痛。在這個章節裡，我們要更進一步地觀察父母：他們在育兒方面沒有履行哪些父母的職責？他們自己的哪些方面沒有受到關注？他們做了什麼努力，在哪裡失敗了？根據他們的童年經驗，他們能否更好地照顧我們？這些年他們是否改變了，是否已經成為更好的父母，只是我們卻一直都沒有發現，因為我們總是戴著濾鏡，怎麼樣也看不清楚？

說出過去與現在發生的事

亞歷山大和卡塔琳娜的年紀大約四十出頭，他們因為「溝通問題」來到我的診療室。雖然他們彼此相愛，卻總是陷入極度痛苦和劍拔弩張的爭吵之中，兩人一直沒有辦法解決。

治療一開始時，我寄了一份條列三十個問題的問卷給他們。等到下一回的晤談，卡塔琳娜提到填問卷時「許多感覺湧上心頭」，回答完前三個問題就已經「不行了」，花了更多時間才完成。特別是和難搞媽媽的母女關係一直讓她傷腦筋，寫到這個部分時引發很多感觸。亞歷山大則是把填好的問卷交給我，我快速地瀏覽第一頁：

和母親的關係？很好，她還在世。

和父親的關係？很好，他很早就過世了。

你的童年如何？不錯，很美好。

乍看之下都是令人放心的答案，良好的親子關係會讓人生更加輕鬆，因為童年經歷是我們建立關係、處理衝突和適應力的根基，也能養成心理抗壓性。理想情況下，我們和父母相處時培養出良好的自我價值感，並且對周圍的人充滿信任；在遇到壓力時能保持冷靜，重新調整自己；有衝突時既能換位思考，也能認清自己的問題並負起責任；能向別人道歉，也願意原諒傷害我們的人；能認知到自己與眾不同的特質，使我們成為成熟且令人安心的伴侶。

但並非所有人都能在能夠成為孩子依賴的好夥伴的父母身邊成長，這些人即使長大了，在人際關係上卻會因此遇到更多困難。亞歷山大就是這樣：他愛太太卡塔琳娜，跟她在一起很快樂，但是當他失控的時候，他就變得「不再是他」。有時他會因為凱瑟琳娜的言語或行為反應很激烈，先是大吼大叫，然後冷淡好幾天，一些小事經常會引爆他的情緒。他說「靠左邊開」而她卻靠右，這傷害了他的人格尊嚴。他晚餐想吃風味濃烈的起司，她卻買成口感溫和的。他覺得他的願望不重要，他不被看重；他想和她一起睡覺，她覺得好累。他覺得她不愛他，從來都沒有愛過他，這樣不如分開好了。

在這種情況下，他們雙方都感到被拒於千里之外。亞歷山大的回應方式是退縮和想像分手，卡塔琳娜則是出現嚴重的分離焦慮，並且緊迫盯人。就這樣他們會在某個時刻和好，但卻沒有解決問題。在他們意識到問題之前，這個狀況早已存在多時，就在他們各自的童年經歷中，更準確地說是在和父母的依附關係裡。

在某次的晤談時間，我請亞歷山大描述父母和他的童年。「我爸爸很早就過世了，然後我媽媽一肩扛起家裡所有的事，一切都很好。」事實證明，亞歷山大對自己的童年幾乎沒有什麼記憶，既沒有父親去世後的印象，也不記得母親獨自撫養他、不再結交新伴侶的那些時光。一直到青春期，他的印象才比較鮮明。過了一會兒，他才想起一些關於母親的趣事：她曾因為他六年級時數學成績拿到三分，扣了他整整一個月的零用錢；他十五歲時，因為吃晚餐遲到了十分鐘，媽媽想把他逐出家門；媽媽責備他，因為他選了媽媽認為不及格的女友。

爸爸過世時，亞歷山大只有六歲，他有一張照片，是爸爸在他蹣跚學步時將他拋向空中，然後接住他。他很喜歡這張照片，但他對爸爸沒有太多的印象，「感覺也很模糊，他死的時候我還太小。」亞歷山大用一句話來形容小時候：「總體來說，我會用『美好』來形容我的童年。」

我面前這個男人用**美好**形容他的童年以及跟父母的關係，儘管他很早就失去了父親，青春期才開始有一點記憶，這對他來說肯定很痛苦。亞歷山大並沒有意識到這些矛盾，因此他也看不見當前和太太的衝突、他容易受傷的本性、他的自我懷疑和童年之間的關聯性。就像許多沒有脫離父母的人一樣，他對自己的童年也有盲點。因此一點也不意外，他會在一開始就認定他的另一半是第一個不了解他和他的需求，並且拋棄他的人。

為什麼我們對父母的印象經常是不真實的？

研究依附關係的心理學家認為，擁有安全依附關係的人能清楚記得自己的童年，並且可以連貫且有關連意義地描述童年中發生的正面與負面事件。

相反的，依附關係不穩固的人包括兩種類型：一種是「逃避型依附」，這類人對童年的回憶多半是片段的，並且傾向把父母理想化（如亞歷山大）；另一種是缺乏安全感、矛盾且情感糾結的「焦慮型依附」，這類人（如卡塔琳娜）帶著無助感和憤怒回憶童年的負面經歷，彷彿至今仍身陷其中。還有一群人有嚴重的依附創傷，他們的童年故事往往是矛盾且不合理的。

如何解釋這些依附類型的差異，它們又是如何形成的？

逃避型依附的人，他們的父母往往對孩子的需求不屑一顧，因此孩子學到壓抑（父母不想要的）情感並且獨自消化。他們的生存策略是以認知而不是用感覺來評估，他們的需求和問題都被淡化了，即使回想起來，他們經常否認自己沒有受到父母的支持。相反的，他們傾向把父母理想化，也感受不到缺乏父母照顧而出現的憤怒和悲傷等情緒。出於生存策略，他們在成年後也非常重視自己的獨立性，不願意依賴他人。在某些情況下，逃避型依附的人會貶低他們的依附對象和依附的價值。

缺乏安全感、矛盾且情感糾結「焦慮型依附」的人，在他們的成長過程中，父母對他們而言往往是難以預測：有時縱容溺愛，有時冷漠。這些孩子缺乏基本的信任感，反而養成長期的不安全感。他們在情感上仍然依賴父母，而不是帶著自信去探索世界並變得更加自主。這些孩子的生存策略之一就是培養出能察覺父母情緒與需求的高度敏銳能力。當他們把父母的需要擺在第一位，就更難形塑自我認同，到了適當的年齡階段也更難脫離父母獨立。

如果和這一類型的人談及往事和父母，他們有時會沉浸在童年的回憶裡，心情經常在憤怒和理想化之間擺盪。在童年經歷了不安全感，他們日後經常依附於伴侶，並有嚴重的分離焦慮。因為在童年時父母不夠關注他們，沒有滿足他們的需求，也沒有幫助他們調節情緒，往後他們有憂慮或恐懼時，很難安撫自己冷靜下來。結果是，即使到了成年，他們仍傾向誇大自己的需求和複雜化自己的情緒，以此滿足自己童年時缺乏的關注。

現在我們來想像亞歷山大和卡塔琳娜的關係：亞歷山大傾向避免親密關係，而卡塔琳娜則傾向依附；亞歷山大因為自我保護而壓抑了童年的記憶，卡塔琳娜談起她童年時與父母的衝突就像剛剛發生過一樣；亞歷山大在很小的時候就被迫提早獨立，而卡塔琳娜至今仍糾纏在她母親的情感世界中。

雖然乍看之下亞歷山大比卡塔琳娜更獨立，但他們離真正的獨立仍相去甚遠。因為無論我們理想化或是貶低我們的父母，或是他們似乎對我們不理不睬，或是總是讓我們爆炸，只要我們無法充分認識他們和我們的童年，並從各種面向去觀察，我們就會一直被彼此的失望束縛，無法調解。此外在情感關係裡，我們會複製童年的經驗，無意識地以父母為榜樣選擇伴侶，或是把伴侶視為是父母的化身，好在伴侶身上延續舊時的相處模式。

因為亞歷山大和卡塔琳娜的「溝通問題」，歸根究柢是他們將對方錯認為令自己失望的父母形象：當卡塔琳娜買錯起司時，她變成亞歷山大眼中麻木不仁、冷漠無情的母親；在爭吵時，亞歷山大則變成了卡塔琳娜記憶中陰晴不定的母親，她的喜怒無常喚醒了卡塔琳娜對失落的恐懼。

和父母的依附關係影響我們甚遠，這就是為什麼仔細檢視我們和他們之間的關係是有意義的。一旦我們不了解和父母的互動腳本，我們就會不知不覺和伴侶複製同樣的劇情；如果沒有看清我們的兒時「生存策略」，我們直到今天仍然會使用，即使早就已經完全不合用了。

理想化與妖魔化僅一線之隔

最普遍也是最早形成的生存策略就是所謂的分化。在新生兒的時期，我們感覺都是二分法：好或壞、飽或餓、冷或熱。嬰兒只知道當下的片刻，既無法安撫自己，也無法延遲自己的需求。因此即時且無微不至地滿足嬰兒的需求十分重要，唯有如此他們才能培養出安全感與信任感。如果一個孩子和母親的相處經驗都是不愉快的，他必然會把母親畫分成兩種形象，一種是善良、有愛心的母親，另一種是討人厭、失敗的母親，以便與好媽媽完美地維繫關係。然而，當母親忽略或誤解了孩子的需求，不能完全滿足他們時，討人厭的母親會承受所有來自孩子的攻擊。我們之所以將依附對象分為「好」與「壞」，是為了調整我們對他們的依賴程度。

將父母分成一個受害者和一個加害者，也往往是分化和遮蓋灰色地帶的表現。我經常聽到孩子稱父母其中一方是魔鬼，另一方是天使；父親是施暴者，母親或他們主要的依附對象則充滿愛心且軟弱；母親會打人，父親則是溫柔溺愛。大家忽略了父母其中一方沒有保護孩子免受暴力和虐待，他們也應該為此承擔部分責任。

整合我們看待父母的矛盾觀點，學習把**非此即彼**的視角轉向**兩者兼具**，這是很關鍵的發展步驟。兩歲左右，我們開始意識到自己是獨立的個體；四歲開始，我們培養出改變觀點、同理並分辨自己和他人意圖的能力，注意到別人的想法和感受與我們不同。這些能力幫助我們區分自己與他人，並與他人產生共鳴，我們變得有能力建立人際關係。

所以，只有四歲以下的孩子才會分化嗎？並非如此。因為沒有設法改掉幼時分化行為的人，成年後仍然會在過度理想化和譴責他們的照顧者之間來回搖擺，首先是對他們的父母，後來是對他們的伴侶。

舉例來說，亞歷山大可以明顯感受並描述妻子卡塔琳娜的矛盾之處。然而，但當他感到被激怒時——她的行為觸動了他童年的舊傷，他退回到年幼的自己——他就不假思索地出現分化行為：卡塔琳娜總是那麼自私，從不為他著想，很可能根本沒有愛過他。

或許你也想起，當自己受到極大的傷害或冒犯時，自己無法再看清對方的全貌，只能看到他們的對與錯。特別是遇到衝突或分手時，我們更容易陷入分化的行為，有時再也看不見對方身上的優點，甚至無法解釋當初為什麼會選擇對方。

現在我們發現，不只有孩子會把世界一分為二，即使成年人也利用這個常見的心理手法，目的是減少我們的焦慮，展現我們對自己和世界的看法。這種二分法在一開始能發揮解壓的效用，因為這讓我們免於複雜的決定和矛盾的衝突。但分化也有難以衡量的缺點：它會導致協調能力下降、難以調節自己的情緒、貶低自己和他人，並使人容易受到兩極化意識形態的影響。長遠來看，這種策略非常不利，尤其會讓我們被困在幼兒的發展階段，無法與他人建立健康的關係。

成熟的大人能夠拋棄非黑即白的觀點，反思自己的感受和行為，並且覺察和整合身邊人士的不同樣貌，還包括父母的。

如果你現在意識到自己對父母的看法是僵化和嚴苛的，你可以問問其他人的想法，就能得知更多父母的面向。例如，我們可以詢問祖父母或是父母的手足，他們小時候是怎麼樣的。父母的軼事能帶來許多的啟發：我們可以瞭解父母的經歷、他們如何成長、是什麼塑造了他們、他們被分配了什麼角色、他們有什麼價值觀、有什麼負擔，以及一路上他們獲得了什麼資源。

從手足的口中也能得知父母的樣子，就像卡塔琳娜聽了哥哥的描述後驚訝地發現：「哥哥對媽媽的記憶跟我完全不同，他得到的自由更多，他們母子的關係沒有像我跟媽媽一般密不可分。這種關係從我出生就開始了，我因為心臟有問題必須一直去看醫生，媽媽很擔心我，時時刻刻緊盯著我。我爸爸因為工作忙碌鮮少在家，因此所有的重擔都落在媽媽身上。哥哥說他從前經常嫉妒我，因為我得到媽媽很多關注。這種親密感對我來說既是蜜糖也是毒藥，以至於我覺得我和媽媽形影不離，我生病她也生病，我的痛苦就是她的痛苦，她的恐懼就是我的恐懼。那時的媽媽一定很不知所措，感覺被爸爸丟下了，或許這就是為什麼她經常拒我於千里之外，卻又在過度關心、拒絕我的需求和要求我感謝她為我所做一切之間舉棋不定。」

卡塔琳娜的哥哥讓她更了解母親，另一方面哥哥也證實了她的覺察。手足的看法特別能鼓舞和安慰我們，即使每個孩子最終都透過不同的視角看待父母。

卡塔琳娜很幸運，因為離不開父母的孩子，和父母之間還有幼時的情感負債要結清，他們往往很容易和手足起衝突。這些衝突通常是無意識的情緒轉移所造成的：我們把從父母身上分割出來「不好」的部分投射到兄弟姊妹身上。我們寧願將針對父母的攻擊性情緒轉移到兄弟姊妹身上，這是一種保護父母和彼此親子關係的預防措施。然後，所有的事突然變得很容易：一切都是兄弟姊妹的錯。我們對兄弟姊妹生氣、對他們失望，覺得被他們背叛，我們的父母仍然安然無恙，他們卻成了代罪羔羊。如果沒有他們，我們的童年會很美麗，我們與父母的關係就會是完美的。

在某些情況下，這種攻擊心態會持續累積，直到衝突最終公開和爆發出來。這種不知不覺的情感轉移代價高昂，可能會讓我們賠上手足之情。

手足紛爭的導火線

父母過世，孩子哀悼，緊接著是憤怒的爆發：幾乎有五分之一的遺產繼承問題是在爭吵中收場。兩兄弟因為掛在父母客廳沙發上方的一幅畫起爭執，最終他們向律師支付了近一萬五千歐元，儘管這幅藝術品的估價根本沒這麼高。從父親最愛的沙發到母親的手提包，還有父母的房子或更大筆的房地產，任何事都能爭得你死我活。父母生前越是含糊處理遺產，手足之間的爭吵就會越激烈。很多時候這些爭吵看起來都跟錢有關，無論金額大小。其實在手足爭取公平分配財產的背後，往往爭的是另一件事：情感遺產，也就是父母的愛與認同。繼承糾紛通常溯及受傷的情感、嫉妒的情緒以及再次被虧待的印象。對許多人而言，遺囑是最後的訊息，是父母愛的最後證明。

姊姊帶三個孩子，父母慷慨地為孫子提供所有生活必需品；單身的弟弟忙於工作，根本沒有時間談戀愛，更別說成家了。姊弟兩人都各自完成了父母親的囑咐，女兒延續了家庭，兒子功成名就，獨立自主。當談到遺產繼承時，兒子覺得自己被忽視了，因為姊姊多年來獲得的可觀經濟支持並沒有從她繼承的遺產份額中扣除。在另一個家庭裡，父母按照慣例把房子分給長子，年紀較小的弟妹則繼承了沒有價值的不動產。也有父母在生前沒有告知孩子不讓他們繼承遺產。還有一些父母不寫遺囑，導致他們死後衍生出子女的爭產糾紛。

繼承爭議通常是由於父母根本無法在有生之年化解兄弟姊妹間的競爭。手足之間的妒忌是常見的事，但父母的責任是要傳達給孩子，不管有多少兄弟姊妹，他們在父母身邊都是安全的。父母有時分身乏術，因為他們對每個孩子及其需求都應接不暇，另一方面是有的父母本來就缺乏安全感，他們會無意識與孩子建立聯盟，讓自己成為家庭中的焦點。

明顯偏袒某個孩子的父母，或是不斷比較、讓孩子互相對立的父母，都是在分化手足關係。最壞的情況下，還會讓他們變成敵對的對手，終生為爭奪父母的愛而角力。如此一來，父母也妨礙了孩子脫離自己獨立：讓兄弟姊妹無法聯手對抗父母，也無法在他們成長和變得越來越自主時互相扶持。

母親涉入長女的婚姻問題，很少花時間陪伴兩個小兒子，導致他們覺得被忽略；父親在兒子還年輕時就讓他加入自己的公司，女兒則被排除在外；父母偏愛家中的老大，因為他符合他們所有的期待，另一方面，他們一有機會就對年紀還小、沒有什麼成就的小兒子百般挑剔，甚至要他向哥哥看齊；單親母親選擇其中一個兒子作為她的最愛，拒絕另一個兒子，這樣孩子們就學會了爭奪母愛，甚至兄弟都長大成年了，他們還是互相比拚，從給媽媽的禮物到跟誰過聖誕節，就為了獲取母親的青睞。

在所有這些例子中，都是父母為了自己的目的利用其中一個孩子，並疏離、忽視或貶低其他孩子，因而造成兄弟姊妹關係緊張。父母煽動兄弟姊妹之間的妒意，而不是給予他們在健康成長過程中需要的安全感和關注。

因為父母的不當行為，孩子內心感到不安和受傷，通常是導致手足競爭失控的原因。

德國青少年協會（Deutsches Jugendinstitut）主席薩賓娜．瓦爾珀（Sabine Wapler）說過：「父母是手足關係的設計師。」如果手足感情基礎薄弱，就無法產生信任感，關係也會容易瓦解。聽起來很慘烈，理想的手足關係應是相親相愛和互相支持的，卻有可能朝反方向發展，彼此的關係充滿競爭和怨恨，因為爭吵和缺乏理解而變調。在最糟糕的情況下，在同一屋簷下共度童年和成長歲月的人們會變成陌生人，甚至變成敵人。

五十七歲的瑪蒂娜來找我，跟我描述她和大兩歲的姊姊克勞蒂亞之間的嚴重衝突。起因是母親，在父親過世後獨居並由她們姊妹照顧。瑪蒂娜住的地方離父母家不遠，她每隔兩天就去探望母親，替她採買、約診和照料其他的事情；姊姊克勞蒂亞住在四百公里遠的地方，她每隔一個月到一個半月會陪伴母親一個星期。「要是我爸爸還在，一切會仍舊如常，但我姊姊接手以後就走樣了。」瑪蒂娜說：「她表現得像德蕾莎修女一樣，好像沒有她就不行。她對所有事情都很在行，卻滿口是抱怨，說我買錯了東西、沒有依照她的意思幫媽媽約診；還有，為什麼我不每天都去媽媽家，這應該是可以做到的！」瑪蒂娜氣得聲音都沙啞了。

「以前妳父親還在世時有什麼不同？」我問。

「比起現在更輕鬆，所有事情也沒那麼複雜。我和父母的關係不錯，偶爾會聯繫，必要時會去探望他們，我爸爸直到心臟病發作之前都很健壯；除此之外，我和爸爸的相處很融洽，和媽媽就沒這麼親密了。」

「妳的姊姊呢？她跟誰比較親？」

「我媽媽，我跟爸爸比較好，姊姊跟媽媽比較好。」

這是第一個跡象，這個家因為父親過世陷入了情感失衡的狀態，因為瑪蒂娜失去了她最愛的爸爸。家庭不是靜態的結構，它會不斷變化，家庭成員去世常常會對這個家帶來新的、甚至令人驚訝的轉變。因此我詢問瑪蒂娜，目前與母親接觸的感覺如何，是否和以前不同。

「沒有，她一直對我很冷淡。我想盡一切辦法取悅她，但她似乎沒有注意到，我姊姊反而是她心目中的第一名。儘管她幾乎不在，但我媽一直對她讚不絕口：克勞蒂亞長、克勞蒂亞短、克勞蒂亞說這個、克勞蒂亞說那個。換作我，她只會說我不用那麼常去，不用對她的事大驚小怪。然後克勞蒂亞來了之後就指責我不夠用心照顧媽媽。她是個控制狂，總是把自己推到主導的位置，試圖讓每個人都聽命於她。」

從這裡可以明顯看出情感責任的推卸：瑪蒂娜形容她的母親很冷漠，她對母親沒有看重她的努力感到失望，而克勞蒂亞卻非常受到讚賞。瑪蒂娜的怒氣卻針對姊姊，在她眼裡姊姊就想當老大。因此，完全與媽媽無關，她可能是被姊姊操控的無助受害者。

原本母女之間沒有爆發的衝突，現在變成了姊妹之間停不了的爭執。她們不是珍惜彼此的支持和相互合作，反而指責對方不夠關心母親。

盡力照顧母親的姊妹變成了敵人，她們不給對方留情面，還試圖超越對方。因為她們就像小孩子一樣，透過抱怨對方的不是，試圖讓母親捲入衝突裡。

她們沒有意識到媽媽早已捲入其中，因為媽媽和爸爸各自選擇了最喜歡的女兒，才釀成了姊妹間的衝突。母親沒有讚揚兩個女兒各自的付出，沒有和她們討論自己需要的支持以及想自主的願望，而是對兩個女兒有截然不同的態度。「瑪蒂娜不必為我的生活大驚小怪，克勞蒂亞每隔幾週就會貼心地照顧我。」有些父母甚至會玩雙面手法，他們不斷表揚不在身邊的孩子，因而刺激陪在身邊的孩子更加努力、爭取更多父母的愛。

「有沒有可能，妳也對媽媽有點生氣呢？」我小心地問瑪蒂娜。身為治療師，面對像瑪蒂娜這樣還沒完全獨立的大孩子，我會溫柔且堅定地試著揭開他們對父母壓抑或埋藏的情感。因為每個情緒的轉折都會讓瑪蒂娜更加深陷在與姊姊的衝突中無法自拔，直到找到問題根源——和母親的關係——才能處理它。

我們晤談過幾次之後，瑪蒂娜才準備好檢視自己的情感。漸漸地，她意識到自己把姊姊當成家庭關係的破壞者，這樣媽媽就能撇清責任。事實上，對姊姊不滿的情緒背後隱藏著深刻的傷痛，因為她感到被母親排斥和討厭。「這樣很不公平，老實說我很受傷，從來沒有聽過媽媽跟我說一句謝謝。」瑪蒂娜意識到，她保護母親其實是為了自己，「對姊姊生氣比對媽媽失望容易得多。」因為和姊姊吵架時，她感到憤怒、堅強、能和她平起平坐，反倒是被媽媽拒絕時覺得自己很卑微和受傷。

對瑪蒂娜來說，脫離父母獨立的第一步就是承認她對母親的行為感到不滿和失望，下一步，她要試著告訴媽媽她的感覺。媽媽一開始的反應很消極，但瑪蒂娜沒有放棄，她表明自己的傷痛並請媽媽解釋為什麼總是推開她。「我不想成為妳的負擔，」後來媽媽才說，「從妳們爸爸過世以來，我覺得很寂寞，而我不想讓妳們擔心。」長久以來，她們母女頭一次對彼此敞開心房，互相展現了自己的脆弱。當瑪蒂娜告訴我這件事時，她很感動也諒解了媽媽的行為。

「為什麼妳總是稱讚姊姊，而我都沒有？」她很想知道母親的想法。媽媽吃驚地說：「這不是我的用意。我告訴妳克勞蒂亞的事是想幫妳減輕壓力，我覺得妳為我做的太多了，妳有妳自己的生活。」

我想像著瑪蒂娜的母親因丈夫過世而悲痛欲絕，在孤寂中度日。她不習慣依賴兩個女兒，或許也不喜歡目前母女角色顛倒的生活。很有可能媽媽也對瑪蒂娜感到愧疚，所以才極力拒絕她的幫忙，暗示她自己不需要這一切，這樣心裡會好過一些。許多誤會的產生源於我們對自己感受的羞愧並試圖掩蓋，而不是向別人坦承。

幾週之後，瑪蒂娜和姊姊起爭執，癥結點仍是對於照顧媽媽的最佳方式有不同的看法。不過這次的衝突和過去不同，瑪蒂娜沒有感到被攻擊，她反而發現姊姊很擔心媽媽。當瑪蒂娜展現出理解的態度時，奇妙的事情發生了，因為姊妹傾聽彼此，不再互相指責，而是提出建議，反而找到解決問題的方法。「這才是真正的團隊合作。」瑪蒂娜一邊說著，一邊對於談話的正面結果仍然感到不可思議。瑪蒂娜學到更明確區分自己的感受，不再自動把姊姊當成敵人，於是她們姊妹的緊張關係明顯緩和了。她不再覺得自己無能為力和任人擺布，而是將自己視為與母親和姊姊關係中的重要角色。

瑪蒂娜的經歷也適用我們每一個人：當我們能分辨自己感受的源頭，找出和什麼人什麼情況有關，衝突就會煙消雲散，一切情況都變得明朗，人和人見面時也更沒有負擔。而且，我們越了解自己，別人也會更了解我們。

不過，萬一對方不願意「配合」怎麼辦？假設瑪蒂娜的媽媽不願意回答問題，一直逃避而且明顯偏袒姊姊呢？

這也是脫離父母獨立的一部分：接受父母的有所不能，並且替自己設下健康的界線，保護自己不受父母不當行為的影響。如果父母不在乎我們的感受和需求，我們也該在心理和生理上立下界線。舉例來說，瑪蒂娜可以思考從現在起願意付出多少時間照顧母親，但不期盼能從母親那裡得到任何回報。她也可告訴自己以下這些話，讓自己冷靜下來並建立自信：「我做我認為對媽媽有益的事，不只為了得到她的誇獎；我不會燃燒自己，只盡我所能；如果某些事情讓我受傷或難以承受，我允許自己設下界線。」

在手足之間設立界線也很重要，我們會把他們和父母的角色混淆。如果父母無法妥善地照顧孩子，年長的手足就必須挺身而出。他們在不知所措的情況下漸漸扮演起父母的角色，照顧年幼的弟妹。因此，「代理父母」的年長手足擁有越來越大的自主權，年幼的弟妹通常會對此感到害怕和失望。在我的診間經常會遇到成年的兄弟姊妹案例，他們拚命尋找彼此之間的平衡，既能滋養彼此又不會壓垮對方的相處模式。

「妳是我唯一的家人！妳必須照顧我！」二十四歲的伊內絲對著比自己大五歲的姊姊卡佳大吼。兩姊妹的媽媽很早就離開她們，之後卡佳一直很有愛心地照顧妹妹。當卡佳十九歲要搬出家裡時，姊妹關係第一次出現裂痕。不久之後，爸爸和伊內絲搬去和他的女友一起住，女方也有兩個孩子。伊內絲在那裡感到孤獨和被排擠，她懇求姊姊讓她搬去和她一起住。卡佳左右為難，職業訓練的時間很長，她沒有多餘時間照顧妹妹，但她又感到良心不安，於是她最後同意了，讓當時十六歲的伊內絲住進她的小公寓。「我受不了了，」卡佳在我們第一次晤談如此說道，「妳到底想要我怎麼樣？」她疲憊地問妹妹。

伊內絲哭著說：「跟以前一樣，妳會一直陪著我。」卡佳無助地望著我。「我一年前結婚了，現在有一個六個月大的兒子，我願意陪伴伊內絲，但我也有自己的生活。」

「我不再是妳重要的人，」伊內絲說：「自從妳結婚之後就再也沒有時間陪我了。」

「我很在乎妳，」卡佳說：「但我兒子更需要我。」

她們都哭了，因為她們被困在這個情況裡走不出來。

對伊內絲來說，姊姊是她的第三個重要關係人，她又再次感到被遺棄：首先是媽媽，再來是爸爸，現在是取代雙親位置的姊姊。伊內絲因為卡佳把注意力放在新家庭而覺得極度委屈時，卡佳感到糾結、愧疚和不公平，因為她為妹妹付出一切。她承受著伊內絲指責她是壞姊姊的痛苦，但也覺得自己到達了極限。「我們的關係不健康，妳想要的我做不到。」她用顫抖的聲音說道。

伊內絲接著喊出她的需求，我聽到也看到一個害怕被遺棄的小女孩，她的世界正分崩離析，因為她無力抵抗。伊內絲的生理年齡是二十四歲，但在這個絕望的時刻她只有四歲，那個小女孩被母親丟下，現在緊緊依靠姊姊卡佳，她唯一仍信任的人。姊代母職的卡佳有了自己的家庭，需要她的全心付出，而四歲的伊內絲無法忍受，於是她拚了命也不想再被遺棄。

當父母丟下孩子或無法盡心照顧他們時，他們被照顧的渴望和攻擊性往往會轉向年長的手足。然而無論兄姊幾歲，照顧弟妹都很吃力，因為兄姊不等同於父母。

缺乏健康的界線是功能失調家庭的典型特徵：世代界線模糊，例如在長期角色顛倒的情況下，子女為父母或其他兄弟姊妹承擔了太多的責任；界線受到侵犯，出現暴力和虐待的情況；界線僵化，阻礙家人之間或與外界的交流。

人際關係中沒有健康的界線，我們就無法感到安全和有保障。這個道理不僅適用於卡佳和伊內絲身上，也適用於和家人界線不明、對家人抱有過高期望或難以冷靜看待期望的所有人。

卡佳和伊內絲想要討論設立健康界線，而且是卡佳想要建立新的、更健康的界線，因為在以往的關係裡，她承擔了太多的責任，舊有的模式對她來說已經不再適合。她不想再取代媽媽的角色，她想成為兒子的好媽媽、伊內絲的好姊姊，而且不想再因為設定界線來保護自己和新建立的家庭而感到內疚。對伊內絲來說，她該是好好關照內在的孩子時候，安撫那個擔心受怕的四歲小女孩並且哀悼早逝的母親。我也建議她，除了家庭治療之外也開始做個別治療，有專業的人士協助她度過這個重要的過程。毫不意外，伊內絲興趣缺缺，她希望我說服卡佳繼續替代她們的媽媽。

她抱怨說：「這不公平。」就像許多人在童年時沒有從父母那得到他們需要的東西一樣。沒錯，從小到大被忽略的孩子，他必須自力自強確實不公平，不過只有這樣才能過得更好。當父母沒有辦法照顧我們，而我們希望與兄弟姊妹建立不一樣的、更健康的關係，那麼我們最終必須學會為自己的幸福負責。

照顧好自己非常重要，否則我們常常會不自覺地期待被他人照顧，例如把期待放在兄弟姊妹、伴侶、老闆或朋友身上。因為我們曾經希望父母滿足我們的事物，沒有人可以如法炮製，結果我們除了失望，還會經常對他人產生強烈的憤怒和怨恨。

成為成熟大人意味著照顧自己，既不期望父母成為更好的父母，也不期望兄弟姊妹永久取代我們的父母。

並非所有的手足衝突都能歸咎於孩子沒有脫離父母獨立，但我們越能理解和分辨我們的感受，越不會不分青紅皂白地向錯的人訴苦，並且能夠和真正的始作俑者化解衝突。

但我們不能總是指望父母。特別是患有心理疾病父母的孩子，他們經常被忽略並且需求得不到回應。患有心理疾病的父母可能愛孩子勝過一切，卻沒有給予孩子需要的關注；他們往往過度關注自己，因為有焦慮、悲傷、強迫、自我價值危機和成癮問題，以至於他們無暇關照孩子。在這種情況下的孩子常常必須自力更生，在許多成長階段都無法獲得必要的支持。這些孩子直到成年，都被渴望、失望和不斷嘗試克服感受所造成的假性獨立或極度依賴所捆綁。

此外，這一類型的小孩沒有意識到自己早已不堪負苛，也不知道自己離不開父母，這對他們的整體關係造成了巨大的影響。因為情感的轉移不僅會影響兄弟姊妹，也經常會影響伴侶。所謂的移情作用很容易滲透到人際關係中，讓我們不自覺地把伴侶和父母混淆，引發我們心裡曾經對父母有過的類似感覺。除非我們仔細、誠實地盤點與父母的關係，否則與父母之間未解決的衝突可能會損害我們的生活和所有的關係。

患有心理疾病父母的孩子為什麼分裂和沉默

「漸漸我們長大了，學會不要對他有任何期待。」愛爾蘭作家艾蜜莉・皮恩（Emilie Pine）在她的回錄《寫給自己的訊息》（*Notes to self*，暫譯）談到酗酒的爸爸：「和所有酒鬼的孩子一樣，我們養成一種特有的警覺性。是經驗而不是信任教會了我們，我們也學會了處理危機。」皮恩在書裡描述自己的人生長久以來都脫離不了和父親的糾纏；她覺得對他有責任，她如何懇求他戒酒，她怎麼威脅他如果繼續酗酒就不再愛他，她如何竭盡全力將他從酒癮中拯救出來，又如何無助地看著他自我毀滅，並在某天晚上閃過一個念頭：「你現在就去死吧。」

但事情沒有這麼容易。我們沒有辦法突然不愛父母，即使他們死了，我們的內心仍帶著他們的故事和我們與他們一起經歷過的回憶，其中有些是沉重而難以消化的。

患有心理疾病父母的孩子往往活在角色顛倒的世界裡。他們擔心父母並照料他們，學會把自己的需求放在一旁，因為那些需求往往都不會得到回應，而且父母的狀況看起來比他們還糟。

飽受憂鬱折磨的母親；因焦慮症而失去工作，足不出戶的父親；每天中午都喝得酩酊大醉，任由孩子們自生自滅的酗酒母親；精神錯亂、有妄想症、相信孩子們與他的敵人是一夥的父親；害怕死亡、如果孩子們太接近他就會痛苦尖叫的父親——光是在德國就有大約三百萬名兒童在患有心理疾病的父母身邊長大。這些孩子都有個共同點：他們很驚慌和困惑，因為他們沒辦法釐清和父母的問題，他們經常感到歉疚，因為他們認為自己造成了父母的心理問題，而且他們非常孤獨。患有心理疾病父母的孩子很早就學會了保持沉默：對外界保持沉默，因為他們感到羞恥，不想背叛父母；而在家裡，尤其是對他們想要保護的父母亦是如此。孤立且求助無門往往是這些孩子的寫照。

有些孩子從小就逃離家庭，有時甚至與父母斷絕聯繫，而有些孩子則一生都對父母過度依賴。

他們之中許多人長期受困於童年陰影：除了本身罹患心理疾病的風險較高之外，他們通常也會因為經歷過依附創傷而在親密關係上面臨困難，甚至在日後影響到和自己孩子的相處。

我遇過很多病患，他們只會在治療中打破沉默談及痛苦的過去，他們通常不知道父母有心理方面的問題，有時是缺乏這方面的知識，有時他們說不出口，有時是家庭潛規則，習慣保持沉默。然而在絕大多數的案例中，當專家點出父母的失調，並歸結出對他們造成的後果，他們就會鬆一口氣，像是「你的母親患有憂鬱症，所以沒有辦法全心全意照顧你」，或是「你的父親有自戀型的人格障礙，因此無法回應你和你的需求，才導致你一直都很難察覺自己真正想要什麼。你害怕冒犯他人，就像當時候你的父親讓你喘不過氣，把你當作滿足自己的工具，無限膨脹自我」。

這一類型的孩子通常無法擁有正常的童年，沒有受到很好的照顧，情感的匱乏也影響了他們如今的生活，因此治療過程有很大一部分要揭開他們埋藏在心底的情感和需求。此外，有部分這樣的孩子在日常生活中表現出色且有成就，但他們的內心殘破不堪，早年所經歷的匱乏令他們隱隱作痛。有些人習慣挑戰自己的極限，身體因而感到莫名的痛苦，而且身心機能一直處於拉警報的狀態；還有一些人和伴侶、朋友或是在工作場合反覆發生嚴重衝突，連他們自己也無法解釋原因；有些人逃避親密和伴侶關係，因為他們害怕承諾和（或）離不開父母，以至於無法想像要建立自己的家庭。對這些人來說，最重要的是認識眼前問題和患有心理疾病父母相處之間的關連性，這樣才能更進一步了解自己，甚至比生病的父母更能夠照顧自己。

恩可很愛她的男友，但有時也很討厭他。每次他們約好見面，他就遲到五分鐘，他每晚都要喝兩杯啤酒，每次跟朋友討論事情都越講越大聲。恩可說：「我實在受不了他。」這種情況常導致兩人爆發激烈爭吵，男友認為她的批評不合理，覺得被她控制和支配。最近他甚至提到要分手，讓恩可陷入了焦慮。

我問恩可：「當男友出現上述種種行為時，妳想起了誰？」

「我爸爸。」她小聲地說。到目前為止，她口中的父親形象都很正面。他充滿愛心而且有創意，經常陪她玩耍，教她彈琴，在她有意休學以及第二次就學參加畢業會考時，爸爸還鼓勵她。

經過三個月的治療後，這個完美的父親形象第一次有了破綻：「我一直都沒有告訴妳，我爸爸會喝酒。頻率不高，他也不是每晚都喝，但他有時，大概一個月一次，會失控了。接著他就連續好幾天喝不停，彷彿變成另一個人。坦白說，我很怕他，他沒有對我們做過什麼，但他大吼大叫、打翻東西、咆哮，而且經常發怒。我努力保護我妹妹，帶她出去玩轉移她的注意力。」

對恩可來說，揭露這部分的童年記憶是很大的進步，但一開始她卻覺得自己像犯了罪一樣。事實上這麼做違背了家裡的規定，他們曾說好會隱瞞和否認父親的酒癮。有些患有心理疾病父母的孩子會吐露家族過去的歷史，還有一些人，我必須花很長的時間與他們建立信任感，然而他們會因為羞恥和歉疚感又很快地封閉自己，就跟恩可一樣。

下一次晤談時，恩可一開口就說：「我擔心妳現在對我爸爸的印象很差，他真的沒有我上次說的那麼糟。」自從她說出父親的酒癮之後，歉疚感一直折磨著她，她覺得自己玷污了父親的名聲，想要為父親平反。但是，指出父母的缺點並不是背叛，而是脫離父母的必經過程，這也有助於我們瞭解自己在哪些方面受到傷害並需要「善後」。

因此，我舉出她曾經提過的父親的優點，讓她先放心。但相較於恩可學會否認，我沒有閉口不談她父親的酗酒和失控行為，反而點出父親的成癮行為以及恩可的驚慌、厭惡、恐懼和擔憂。

我跟她解釋，對許多孩子來說，即便是在治療的安全環境裡，批判或澈底檢視父母猶如犯罪，就跟恩可的情況一樣。我稱讚她有勇氣打破家族沉默的沉痾，這麼做才能一步步擺脫過往的糾纏。因為，如果恐懼和歉疚感在脫離父母的過程中如影隨行，也凸顯出一個人對家庭的強烈忠誠度，這種情感反而阻礙了真正的親密和理解，因為我們無法看清父母真實的一面，包括好的壞的都有。和父母建立健康關係是指我們可以愛他們，也可以批評他們，如果他們的價值觀與我們的不一致，我們可以保持距離，但仍然可以維持聯繫。

把父母理想化的子女，他們的父母往往沒有對自己的行為，尤其是對自己的缺點和不當行為負起完全的責任，在患有心理疾病的父母身上，這種情況更為嚴重，因為他們沒有病識感。他們扭曲孩子的看法，強迫他們淡化和否定他們病態及有害的行為，如同發生在恩可家的情況。一開始是母親，接著所有的孩子都默許不開口的行為，造成父親若無其事，全家人卻背負著壓力。

不僅是有成癮問題的人，包括自戀等人格障礙或憂鬱症患者也常常否認自己的疾病，因此造成子女雙重痛苦。相反的，父母若能說出自己的病情並尋求協助，就能多方面減輕孩子的負擔，孩子不會把父母的病情歸咎在自己身上，看到父母正在尋求幫助，他們可以放心當小孩，不需要提早當大人。

為什麼許多人不願意承認自己的心理疾病？

因為他們沒有病識感，心理疾病不像手臂骨折或偏頭痛一樣容易察覺。心理失調是逐漸形成的，而且往往不被理解。就像有自戀型人格的人對其他人造成困擾，但當事人覺得「正常」，而且他們幾乎沒有感覺。雖然恐懼會限制生活，甚至會影響全家人的生活，但當事人把逃避當成必要之舉而不是心理失調的跡象。沒有病識感有一部分是因為疾病本身，但多半仍跟羞恥心和歉疚感而不願意承認有關，而這些感受最後卻轉嫁到孩子身上[4]。

於是，孩子被父母的病態糾纏，越來越無法脫身，即使成年了也很難和父母之間立下健康的界線。父母的疾病和壓抑的衝突在日後悄悄影響成人的他們，並在關係中埋下危機。就像恩可看見男友喝酒時的過度反應，因為她下意識想起父親喝酒失控的模樣。只要她的男友出現跟父親一樣錯誤舉動的跡象——喝酒、高分貝說話，變得難以捉摸，就會觸動她兒時的警報器：「又來了，他又要發作了，又要變成另一個樣子，我所愛的人要消失了，我必須不停地扛起責任。」男友搖身一變成為父親，長大的恩可卻變成手足無措的小孩。

如果恩可的父親曾正視自己的疾病，恩可就有機會把問題留在發生的當下：留在她的過去，特別是留在她父親的生命裡。

想要健康的脫離父母還必須能從旁觀者角度觀察他們，這樣才能看出他們的優點和缺點。「我爸爸是個充滿愛的人，他酗酒成性，只要他一喝酒就把責任統統拋開，這一點讓我痛不欲生。」在治療的尾聲，恩可說出這句話。然後她深吸一口氣，確信自己不再感到歉疚了，無論是對父親的病或是自己揭開了這個祕密。她感到釋懷，而且仍然愛著父親。她和男友之間的衝突也連帶有了轉圜的餘地，因為她知道自己在什麼情況下會把男友誤認為父親。她還是不喜歡男友喝得醉醺醺的，會要求他晚上睡在客房裡，但是她不再因為男友喝了酒就陷入恐慌了。

和父母之間有明確的界線不僅能改善和他們的關係，和其他的人際關係也會跟著進步。因為我們不再用孩子的心態行事，也漸漸不再把別人的舉動和父母的混淆，也因為和父母之間有了距離，讓我們變得更成熟，才因此能拉近彼此的關係。

打破內心的沉默

患有心理疾病父母的孩子保持沉默的方式有許多種，他們對外隱瞞家裡的問題，他們否認問題的存在或是向父母隱瞞自己的感受。就像五十六歲的奧拉夫，他聽從家庭醫師的建議來找我。奧拉夫患有嚴重背痛多年，原因似乎是身心的問題，他認為自己的疼痛和女友有關，儘管他已經不愛女友，但她無法離開他。

「我不想結婚，不想要有小孩，」他說，「如果不是我女友那麼堅持，我早就恢復單身了。」

「你的意思是，如果你的女友不要這麼愛你嗎？」我重新整理了他的說法。他驚訝地看

4 除了父母沒有覺察自己的病況，他們往往因為擔心失去子女或不知如何向外求助，導致他們放任自己的病症。有些父母意識到自己在養育子女上有不足之處，但卻不信任輔導機制或害怕與子女分離。在兒科和青少年精神科中，約有百分之四十到五十的青少年病患父母有心理疾病或成癮問題（Mattejat & Remschmidt 2008）；在成人精神科中，約有百分之三十的病患是未成年子女的父母（Östmann & Hansen 2002）。

著我。「愛是什麼，我一點概念也沒有。我只知道我沒有那麼喜歡她了，沒有喜歡到想要繼續和她一起生活。」他坦承在各種出軌論壇上註冊，私底下的戀情從未間斷。他越來越不把心力放在女友身上，一邊追逐著他的愛情，直到對方想要的更多，想進一步發展之前，他都不會停下來。「聽起來很瘋狂，但從她們想要和我交往的那一刻起，我就不想繼續下去了。我甚至鄙視她們，厭惡她們。其實我一直忙著追女人或是把她們推開，我根本無法擁有正常的關係。」他總結說。因為奧拉夫覺得要對生命中的每個女人負責，所以他有強烈的歉疚感。「我遲早會傷害每個人。」

在我們最初的幾次晤談中，他花了很多時間探索「正常關係」可能會是什麼樣子，愛的真正涵義是什麼，真正的愛是什麼樣的，以及為什麼他如此「亂七八糟」。同時，他也經常迴避關於小時候的問題：「請不要生氣，但這種老掉牙的心理對談我真的沒興趣，我父母就是這個樣子，我現在無法再改變他們。」

經過多次晤談後，奧拉夫才開始信任我，並相信我可以和他一起接受他最終告訴我的事情。一直以來，他把過去深深埋藏在內心深處，用這種方式拯救自己。

若不是他強烈的歉疚感和難以忍受的背痛，他根本不會接受心理治療並冒著揭露心裡祕密的風險。當奧拉夫終於開始描述他的童年，我才知道他承受了多少恥辱和痛苦。相較於恩可美化父母的做法，奧拉夫全盤托出小時候發生的事，一五一十地描述父親對他施暴，拳打腳踢、推擠、吼叫和侮辱；多次侵犯他界線的母親對他性剝削，利用及侵犯他來滿足自己的需求。他還是青少年時，母親撫摸他的生殖器，把他的頭壓進她的胸部直到他無法呼吸，她要求他按摩她的背，連屁股也不可以遺漏。

他談到母親「心情非常好」的時候，會主動和他一起做一些瘋狂有趣的事情，很寵愛他。有時候母親躺在床上好幾個星期，一句話也不跟他說。父母兩人都酗酒，酒喝得越多，父親的暴力行為和母親的性侵行為就更加肆無忌憚。他說：「他們根本不配有孩子，現在我看著他們兩人只覺得是兩頭野獸。」

他的父親已經過世，母親還活著。奧拉夫說：「她活著是為了讓我內疚。」母親認為他一直鮮少去養老院探望，去了也一下子就離開。身為獨子，他自覺有責任照顧母親，不過他盡可能不去看她，一直到歉疚感淹沒他為止。當我請他寫日記記錄自己的背痛時，他注意到去探望母親前後的日子都發作得特別厲害。

「我真的受不了。」奧拉夫在某次探望母親後如此說道，他感到快要窒息，因為他的母親經常在打完招呼後不想放開他。「我被困在她的懷裡，以她的年齡來說，她還是很有力。她靠我那麼近，她的頭髮遮住了我的臉，還有她的皮膚、她的氣味和那種親密感讓我想反胃。」整整一個小時他都無法擺脫她，忍受著與她太過親密的接觸，然後匆忙地告別。回到家之後，他洗澡的時間幾乎和母親相處的時間一樣長。

這種被逼迫、厭惡的感覺反映在現今他與女性的關係上。只要他必須征服她們，而她們還沒選擇他，他就會被吸引；一旦她們希望更進一步，他就會感到厭煩。這也難怪，他與第一個重要關係人——他的父母在一起時，沒有學到拿捏親密感與距離的方式。

許多有心理疾病父母的孩子都和奧拉夫一樣，想和母親斷絕關係。「乾脆不要去養老院，不要再見面，就再也不必靠近她。」奧拉夫沒有想過和母親討論拜訪的頻率，當我提出這個想法時，他想了很久之後回答：「不可能。」他就這麼做了決定。「她很快就把我鎖在懷裡，然後我什麼也說不出來。」

「不然這樣好嗎，在你和你母親斷絕來往或有更進一步的舉動之前，你先寫一封信給她，描述你小時候包括現在面對她的感受？」我向奧拉夫提出建議。

他說：「她會受不了的。」事實上，奧拉夫從來沒有告訴母親他一直以來有多麼不舒服，直到今天他都無法在他們之間建立起健康的界線。每回見面，他都像小時候受到驚嚇的自己，沉默而無助。

「你不需要把信寄出去，」我請他放心，「你只要寫信而已，把小時候遭受到的痛苦和現在困擾你的事化成文字。下一回見面時，我們一起看看你寫了什麼。」

三週後到了晤談時間，奧拉夫從夾克口袋拿出了一封信並打開它，他清了清喉嚨，唸出前一晚失眠時寫下的信。

「親愛的媽媽，」他的聲音微微顫抖，「很抱歉，但我想告訴妳，我的童年一點也不快樂。我想，妳小的時候也經歷了很多不好的事，我們現在才會以某種方式連結在一起。有時，妳的擁抱太緊迫，我希望妳不要這麼對我，或許妳能用別的方式，謝謝。妳的兒子奧拉夫。」

他抬起頭，好像看穿了我的心思。

「你現在覺得如何？」我問他。

他回答：「什麼感覺都沒有。」

這是意料中的事。他雖然寫了一封信給媽媽，但感受不到他的痛苦、煎熬以及所有的難受，這封信比較像是一種保護宣言，基本上他還是維持一貫的沉默。認為自己沒有好好照顧孩子的父母，大概會因為這封信而感到如釋重負：無論我們讓孩子經歷了什麼，對他們做了什麼，到最後他們都會明白我們也是無能為力，他們不會怪罪我們，也不會追究我們的責任，所以大家這麼想就對了。但我們搞錯了，因為只要孩子替父母粉飾太平，從來沒有表達出他們的需求、感受和設立界線，我們之間根本不可能擁有真實的關係。

「你現在對媽媽有什麼感覺？」我問奧拉夫。

他回答：「完全沒有。」他的答案不意外，因為他寫這封信不是為了抒發和表達感受，反而把所有的情緒都壓抑得更深沉。

我問他：「你覺得有什麼改變嗎？」他搖頭說：「這個方法很蠢，」接著又補充：「原來妳偶爾也會有這種想法。」我忍不住笑了。至少他稍微對我表示了不滿。

我又問他：「批評治療師，說她偶爾也會有愚蠢想法的感覺如何？」

「蠻好的，」他說：「而且妳還笑了，我覺得很不錯。」

「假設我剛才沒有笑呢？」

「我大概會道歉，跟妳解釋我不是這個意思。」

「不過，你真的認為寫信沒有用嗎？」我又接著問。

「是啊，寫信這種方法真的沒用，我仍然這麼認為。」

「也就是說，就算對方可能生你的氣，儘管一切根本就不好，你還是表現得若無其事。這有點像你對母親感到憤怒和反感，然後寫了一封信給她，在信裡你跟她道歉，強調彼此的親密關係，但你其實對一切很反感。」

「如果妳這麼說，大概是我的信寫得不好吧。」他說。

「我不會這麼說，」我反駁他：「我寧願說是你內心受驚的小男孩寫了這封信，你內心幼稚的部分從未有過這樣的經歷，你可以告訴父母你喜歡什麼，也可以告訴父母你不喜歡什麼。無論如何，父母不會離開你，他們會用心聆聽，改變他們的行為，讓小男孩更快樂。」

「但我媽媽大概不會有什麼改變，妳早就告訴我她病了。」

「你的母親或許沒有機會改變了。但你可以，你的人生還有許多改變的機會，你可以認真看待自己的感受，設立界線，並訂下自己的新原則，如此一來，你在關係中會過得比以前更幸福。」

下一次晤談時，他唸了第二封信。他花了三週完成了這封信——起初在腦海裡構思，後來在短短幾個小時內，寫下五十年來一直折磨他的事。這封信長達四頁，都是手寫字，上頭有一些刪減的痕跡。奧拉夫一邊唸，眼淚從臉頰滑落。有些段落他唸得非常大聲，有些我幾乎聽不懂他的意思。結果他泣不成聲，花了幾分鐘時間才再次平靜下來。我的淚水也在眼眶裡打轉，因為我見證了一個成年男子如何告訴母親她的不當對待，這不僅深深傷害了他，奪走了他的信任，還永久破壞了他和別人建立關係的能力。他說出了自己的痛苦和憤怒、厭惡和恐懼，他允許自己不加掩飾地批評父母，指責母親利用並侵犯他。

過了一會兒，他才開口說：「太激動了。」

「是啊，」我附和他：「勇敢又真誠，充滿真情。」

他說：「我沒有辦法寄出這封信。」我點頭，他顯然鬆了一口氣。

「你寫了這封信，」我說：「你剛才說的才是唯一重要的事。即使你和媽媽分隔兩地，即使那些話只在你的腦海裡，你仍然允許自己跟她分享你的想法和感受。」

對某些個案而言，最重要的是某天能寄出一封不假辭色的信給父母，然而卻有更多人光是靠著寫信，心情就輕鬆許多，他們不會跟父母分享，因為這是他們的隱私。就像奧拉夫一樣，他把信件藏在櫃子裡不會寄出。不過，他開始改變他的生活，更誠實地面對自己和身邊的人。他和女友分手後感到輕鬆許多，也不再感到歉疚，因為他終於對她誠實，讓她可以投入一段更幸福的關係。他定期來診所報到，不間斷地接受治療，完成我建議的作業和練習，或是調整他認為不適合自己的治療方式。

他想著如何與母親見面，讓他不至於太過難以負荷：從現在開始，他想用握手取代擁抱，他不想再和媽媽進到房間裡，而是坐在養老院的花園，還有其他人在場。當他第一次執行他的計畫時，他跟我描述：「一開始，媽媽一直試圖把我拉近，那時我頭一回看清楚她比我小一個頭，我比她更強壯。我僵硬地伸出手臂，握了她的手，她別無選擇只能配合；當她在長椅上靠我太近時，我就站起來建議她去散步。」

現在奧拉夫不再用小男孩的角度看待母親，那個曾經受母親擺布和被其需求左右的小男孩已經成為大人，有能力決定和母親的互動方式。當他越來越懂得設下和母親之間的界線，就越能想像某天再開啟一段愛情關係，而且是一段不會讓他害怕被壓垮的關係，因為他越來越能表達自己的需求和界線。

從恩可和奧拉夫身上，我們可以看到說出父母的缺失和自己童年的缺陷經驗是多麼重要，尤其是對父母患有心理疾病的子女而言。這種帶有批判性的分析不是用來指責父母，反而是認識到父母患有心理疾病，需要專業支援。更重要的是，這些曾經背負過多責任、經常為了父母的幸福犧牲自己人生的孩子，最終能同理自己並哀悼逝去的童年。對父母的不滿和失望會在這個過程中出現，就跟處於反抗期或青春期的孩子類似。這個遲來卻也帶來轉變的獨立過程，能讓孩子開始主導自己的人生，停止將自己對父母壓抑的情感投射到生活中的其他人身上。

在我們之前發生的事——父母留下的情感遺產

如果我們想完整地認識父母，就必須回到他們的起點：他們出生在什麼時間、哪個國家、什麼樣的社會以及什麼樣的家庭。他們是期盼中的孩子還是意外被生下來？是在父母的慈愛和細心呵護之下長大，還是他們的父母無能為力也不成熟？他們擁有充滿安全感的童年，還是感到不安、不斷變動和失去？他們遇到什麼樣的家庭難題和衝突，有什麼樣的協助資源？他們的父母一方是否患有心理疾病，像是憂鬱症、人格障礙或是成癮問題？他們的價值觀如何養成，哪些決定性事件塑造了他們今日的性格？他們是否遭遇過戰爭、逃亡，或是父母一方過世等創傷事件？

所有問題的答案都能幫助我們更加了解父母一路成長的過程。有時我們會忘記，我們的母親也曾是別人的女兒，父親曾是別人的兒子。他們也曾年幼，有好父母和壞父母做榜樣；

有人陪伴他們成長，或是對他們處處設限；他們感到安心、被忽略或曾受到暴力對待。父母的這些經驗也直接影響了我們的生活，因為他們經常不自覺地延續他們的童年模式。

像是奧拉夫的父母，他們把自己大部分的童年傷痕和暴力經歷轉移到自己兒子身上。奧拉夫的母親雷吉娜在一家育幼院中長大，因為單獨扶養她的母親在一九三〇年尚未成年，被宣布為不適合撫養小孩。雷吉娜父不詳，她從沒見過他。她在育幼院長年被照顧者虐待和性侵，沒有人保護她，也沒有傾訴的對象。十九歲那年認識了大她十歲的沃夫岡，不久之後就懷孕了。一開始她滿心期待孩子的到來，奧拉夫出生時，她卻被照顧孩子的壓力壓得喘不過氣，她從不知道如何妥善地處理需求、情感和界線等問題，更不用說細心照顧一個孩子。由於她童年時的創傷經歷，她不僅有嚴重的依附障礙還得了所謂的躁鬱症，發作時焦躁幻想和憂鬱症狀會輪流出現。很快地，她就和先生沃夫岡一樣養成酗酒的習慣。

奧拉夫的父親在家中八個孩子中排行老大，他的母親因為憂鬱症長年臥床，沃夫岡的父親工作繁忙、酗酒、毆打妻子和孩子，而妻子和孩子也學會遠離他。十六歲時他自願從軍打仗，這樣就可以逃離父親的暴力相向。希特勒成為他尊敬的代理父親，國家社會主義成為他的避風港，給予他支持，就像許多不成熟的人一樣，沃夫岡在獨裁體制中尋求救贖。二十二歲時，他經歷了戰爭和監禁，最後回到故鄉，身心都受了創傷，他出現了焦慮和憂鬱以及閃回（Flashback）——突然想起創傷事件——讓沃夫岡時時都處於被過去情境攻擊的狀態。

由於身體的問題，他無法獨立工作謀生。在別無選擇的情況下，他在父親的手工藝品店中工作，然而父親盡一切可能羞辱他的「殘疾兒子」。沃夫岡甚至在晚上都無法平靜，奧拉夫記得他父親經常尖叫著醒來，在房子和花園裡亂跑，然後喝一瓶烈酒入睡。

我跟奧拉夫解釋，像他父母的心理問題通常會伴隨其他症狀出現——憂鬱症配上成癮問題，創傷壓力症候群和焦慮或憂鬱。而且，只要父母**任一方**患有心理疾病，兒童成為父母疏忽或虐待受害者的風險就跟著提高。解釋奧拉夫所受的痛苦是必要的，因為父母的痛苦並不能抵銷自己的痛苦，它只是說明了（依附）創傷和情感枷鎖如何代代相傳。

「或許他們對我來說就是最好的父母。」奧拉夫在仔細爬梳父母的過去之後，下了這樣的結論。他開始更全面地看待他的父母：做為成年人，他們傷害了兒子，但他們也是傷痕累累的孩子。特別是對那些無法與父母有健全依附關係的人來說，調查父母的童年並不常見，因為父母鮮少或只提過他們童年或生活的片段。不過，了解父母的童年就等於是了解父母，彼此之間的裂痕也會逐步消失。因為如果你把父母想像成小孩，你就會自動停止把他們妖魔化，甚至會同情幼時的他們；你也更容易理解父母的人生歷程，以及某些家庭潛規則和相處模式。

一個能讓子女更能同理父母親處境的方法是用第一人稱詳述他們的生命故事。不是一貫地介紹他們，而是採用寫傳記的視角，彷彿像在說自己的回憶一樣，描述他們一路從出生到長大的過程。

以下內容摘錄自一位四十二歲病患馬可，他用自傳形式描述他的父親，他在缺乏愛心、冷酷的父親克勞斯過世之前一直受盡折磨，因此他自己沒有勇氣成為人父：「我，克勞斯，生於西元一九四三年十二月十四日，」馬可接著說：「我的爸爸漢斯在我出生的時在東戰線打仗，我媽媽帶著三個幼子準備逃往西部。當時我才兩歲，在歷經三週馬不停蹄的逃亡之後，我們抵達德國北部的布萊梅。起初，我們住在遠親的農舍裡，和許多逃亡家庭窩在一起。因為狹小的空間幾乎沒有隱私生活，我媽媽感到非常痛苦，也因此她一輩子都對環境感到不安，對噪音很敏感。我五歲時，爸爸從戰場上回來了，他大部分時間都沉默不語，因為戰爭受傷而一瘸一拐，我既好奇又害怕，畢竟他是個陌生人。情況一直都沒有改變，他總是那麼冷漠，對我的一切毫不關心。」唸到這裡，馬可開始哭泣，因為他頭一次在情感上能理解父親，他的父親克勞斯也因為和祖父漢斯的疏離而痛苦。

第一人稱的敘事方式讓馬可對父親產生了前所未有的親近感，因為他發覺父親也曾是一個被遺棄的孩子和沒人疼愛的兒子。過去特別鄙視父親的馬可（也是因為想擺脫被父親拒絕的痛苦）第一次開始同情父親。透過自傳式的敘述，馬可父親的圖像逐漸清晰且完整：他不再視父親為加害者，而是受害者。

當我們以第一人稱描述父母的故事時視角會跟著轉變：我們不再從旁觀者的角度看他

們，而是從他們的內心講故事。我們瞬間融入他們，更直接感受到他們的經歷，有一句話說：「如果你想了解一個人就穿著他的鞋子走一百步。」

了解父母的成長過程並不是要免除他們的責任，也不是要淡化自己的痛苦。這麼做可以幫助我們分辨父母傷人的行為，不再將這些行為視為是針對我們的反應，而是看作他們自己痛苦且未處理的童年經驗所造成的結果。「那不是我的錯」，許多人在探究父母的生命史之後，不再糾結自己的缺憾或是與父母的衝突。因為父母不當的言行不是因為孩子有錯或是不值得被愛，由於父母本身的童年經驗，他們在情緒上尚未達到必要的成熟，無法充分照顧、保護或支持他們的孩子。因此許多家庭裡傳承著充滿傷害力的忽視、暴力或界線不明的傳統。

在治癒了自己的傷口之後，正是看看父母童年的時候了，這麼做能幫我們與自己的過去，甚至與父母和解。把父母想像成孩子，並意識到他們承受的痛苦、渴望和缺乏東西，才能讓他們最後成為我們心目中的父母，我們的心也會變得更柔軟。

貼近觀察，將父母視為一個整體

奧地利作家彼得．漢德克（Peter Handke）在小說《夢外之悲》（*Wunschloses Unglück*）試著描繪五十一歲就結束生命的母親：「……我無法如往常那般，一步又一步離開描述的人物內心生活，並在最後帶著輕鬆、愉快的心情成為旁觀者，就像看著化為蛹的昆蟲——但我嘗試嚴肅地描述某個難以用文字形容的人，導致我不得不一遍又一遍地重新下筆，更不用說掌握一個人的全部。」漢德克在描述母親的生活時沒有辦法如同面對自己書中人物一樣和她保持距離，「沒有具體的文字可以形容母親，根本找不到詞彙，稿紙上零亂的字句彷彿墜入了黑洞深淵裡。」

漢德克的經驗對許多人來說都不陌生：我們沒有辦法客觀地看待父母，一方面是因為我們一輩子和他們共處，另一方面我們還需要更多的細節才能拼湊起他們的人生故事。對身為孩子的我們來說，他們的過去、情感世界往往就像一本闔上的書。從大人的視角觀察父母是一件困難的任務，我們傾向於遠遠觀望或是靠他們太近——經常不是帶著孩童般的理想化，就是懷抱著孩童般的失落，讓自己要不是深陷糾結之中，就是感到被冷落。

有時候我們甚至不是用自己的觀點來看待父母，而是透過父母其中一方來觀察。讓我們回顧一下恩可的故事，她的父親嗜酒如命，數十年來，她承接了母親美化父親、離不開父親的視角：「他幾乎不喝了，他不是故意的，他很快就會恢復過來，這只是一個過程。」然而她的父親已經嚴重酗酒數十年，不在乎自己的健康和家庭。

有些父母會在子女面前抬舉另一半，有些父母則會在子女面前貶低對方。許多子女因此和父母其中一方的關係不佳，因為他們與其中一人的關係太過緊密且難以撼動，他們無法在不感到內疚的情況下終止這種結盟關係。他們不得不一起聯手貶低父母一方，就像菲利普告訴我，他的母親「沒有什麼成就」。他的母親養大四個孩子，同時身兼一份半職的工作，在沒有先生支援的情況下，一個人獨立完成家裡大小事，幫孩子照料他們的寵物，在孩子離家之後擔任義工。

我問菲利普：「如果你的母親更積極一點的話，她的生活會變成什麼樣子？」他回答：「她的事業會很成功。」就跟菲利普的父親一樣，照料孩子和家務事他都不碰，每天除了在孩子面前數落太太之外就沒什麼事好做了。

菲利普和他的太太來到我的診間，因為他們即將迎來第一個孩子，卻為了如何規劃之後的家庭生活吵得不可開交。「我沒有辦法一邊做全職工作還一邊照顧孩子，」妮娜說，「我們必須分攤兩邊的責任！」這時菲利普被他的想法困住了，他不假思索地接收父親的觀念「沒有全職工作是不會成功的」。如果妮娜放棄工作在家專心帶小孩就會變得跟他媽媽一樣，他會因此看不起她；如果他減少工作時數，他自己也會變成媽媽「一事無成」的樣子，這樣他的價值也蕩然無存。因此，首先必須徹底釐清父母各自對成功的看法，從中找出隱藏在父親貶低母親話語背後的意涵：父親因為自己缺席家庭生活可能受到批評而做出預期性的防禦，他同時透過貶低妻子和她的家務事來彰顯他的地位。「有媽媽每天下午在家的感覺真好，」菲利普回憶著說，「其實，我很想念我的父親，雖然他周末都仍然埋首在工作裡。」唯有我們認清自己承襲了誰的觀念，才能夠仔細地審視、調整，或是乾脆拋棄這個想法並從根本改變自己。

克麗絲汀長久以來一直認為，父親在她出生之前就想強迫母親墮胎，她透過母親的視角看到父親最糟的一面。她與父親的關係充滿緊張，每一次衝突都提醒克麗絲汀，父親其實根本不想要她。

當克麗絲汀聽從我的建議向父親詢問這件事時，他不可置信地說：「妳怎麼會認為我不要妳？當時，妳母親和我都很年輕，我們討論了很多次生小孩的事，然而我是主張一試的那一方，妳出生的時候，我覺得自己是世界上最幸運的人。我一直都很期待妳的誕生，我不明白妳怎麼會有這樣的想法。」

某次父親和離異多年的母親一起談起這件事時，母親逃避了這個話題並說她沒有印象了，這一定是克麗絲汀自己編造出來的故事。「這不是我編出來的，」克麗絲汀煩躁地說，「這個故事毀了我和父親的關係長達二十年，現在我才知道這根本不是真的。」

發掘有關父母的「真相」需要一輩子的時間，而且永遠都不會有完成的一天，這彷彿就像在看萬花筒一樣，我們對他們的看法不斷有些微調整或者完全改觀，因為每個新的訊息、新的故事，或是其他的觀點都能為父母增添更多的樣貌。我們不可能百分之百理解和描述父母，作家漢德克並非唯一意識到這一點的人，我們能做的是努力在人生中嘗試貼近賦予我們生命的人。

我們這麼做就會發現，父母有時也會受到內心小孩的左右。想像一下，暴跳如雷的父親內心住了一個手足無措的三歲小孩，不知道自己該怎麼辦；或是冷漠母親背後是一個害怕被父母拋棄的女孩。

或許光是透過想像，你就能感受到父母的「渺小」，看他們的眼光也會變得溫柔些。如果我們用孩子的視角看父母親，我們會被牽制，對他們抱持敬畏之心。但是如果能夠停止用自己內心的小孩來面對父母的幼稚，轉而用大人的眼光來看他們，我們會突然「看透」一切：父母有時和我們一樣，都會受到內心小孩的操控。他們內心的小孩無法傷害我們，他們只不過是紙老虎，無助、絕望、悲傷，我們應該要同情他們。身為成熟的大人，當我們看著父母並不再依賴他們，就能和他們繼續保持健康的距離。身為成熟的大人，我們可以決定退出那些不健康的遊戲，不讓我們內心的小孩輕易參與其中，而是導入新的遊戲規則並設定界線。

當我們能破除對父母既定的印象，整個生活就能跟著改變，所有的關係都會變得更踏實，起點就是我們和自己的關係，和父母和關係也會因此變得更加有彈性：可以和有愛心但有時缺乏情感的母親，或是百般挑剔、卻又幽默富有創造力的父親相處。和父母平等相處的孩子能看見更多父母的不同面向，就和藏傳佛教金剛乘阿尼佩瑪．丘卓一樣，當她看見媽媽和老朋友相處的模樣時，她才發現媽媽不只是她的媽媽。因此，我們需要保持一點距離，戴上變焦鏡片而不是用放大鏡觀察，這樣才能更清楚地看到父母的各個樣貌。

我不否認，有些父母對子女從來沒有愛，有些根本不關心孩子，虐待孩子的身心或是施加性暴力，甚至從沒想過要變成更好的父母。有時不管用什麼視角觀察也看不出父母的優點。然而，有些孩子即便被父母所傷，卻能和他們保持愛的關係，因為父母設法修補了彼此之間的裂縫，因為他們承認錯誤，然後努力改正，還有因為他們承擔了過錯，並請求孩子的原諒。

在六〇年代改革了依附關係研究，至今頗具影響力的兒童心理學家溫尼考特（Donald Winnicott）曾說：「八十分的父母勝過一百分的父母。」世上不存在完美的父母，只有在依戀父母的孩子幻想中才需要理想化自己的父母。

如果我們願意拋開理想化或破壞性的濾鏡，轉而用更成熟的眼光來看，就可以檢視父母是否在不同時期對我們態度都不同：也許他們在我們小時候是很好的父母，但在青春期時卻太嚴格，也許以前的他們比現在更開明、更願意支持我們，因為他們現在擁有更多的情感、時間或金錢資源？也許在我們長大且不再那麼依賴他們時，彼此的關係變好了？

只要我們仔細觀察，就能在每段親子關係中發現變化。變化的原因有許多種，因為我們和父母都改變了。像瑞士知名的兒童心理學家愛麗絲．米勒（Alice Miller）曾貼切地形容：「從前的孩子不在了，從前的父母也消失了。」

我們只要更仔細地觀察父母，或許會看見更多因為之前將他們理想化或妖魔化而沒有覺察到細微差異：或許他們曾鼓勵我們、增強我們的才能卻從來不滿足；或許他們在我們小時候經常缺席，因為他們賣命地工作，為了讓我們過得比他們更好；或許他們很有愛心，卻因為心理疾病無法妥善且長期地照顧我們；或許他們不擅長表達愛，因為他們從來沒有從他們父母身上體會過愛；或許他們受到（戰爭的）創傷，對我們顯得冷淡，一邊卻竭盡全力保護我們免於承受他們經歷過的恐懼。

沒有人是完美的，父母會犯錯，有些過錯不可原諒，然而有些錯誤從更成熟、更客觀的角度來看卻不可避免。最終我們會明白，父母永遠不會是我們想像的那樣，他們沒有那麼好，也沒有那麼糟。

用成熟大人的眼光看父母並不是要否認他們的錯誤，而是把他們的錯誤和他們過去的經歷相互對照。更重要的是，了解到他們也當過子女，他們的父母也曾犯錯。並且要承認，我們的父母出於對我們的愛改變了做法，甚至比他們的父母做得更好——即使這對我們來說（總是）不夠。

第5章

原諒代表不再冀望改變過去。

——內觀禪大師傑克．康菲爾德（Jack Kornfield）

找到內在平靜

有些孩子在父母死後才與他們和解，有些孩子則永遠對父母不滿。還有一些人不願意與父母和解，指責和怨恨他們，甚至有些人為了讓自己不再感到失望，乾脆切斷與父母的聯繫。

但也有人能夠在不壓抑和不否定的情況下，放下父母對他們的傷害。這些能夠與過去和平相處的人是怎麼辦到的？

我們該如何拋開過去，讓自己不再被過去拖累？做子女的是不是一定得原諒父母？萬一根本不可能原諒呢？

我們來看看稍微轉移焦點有多大的幫助：不再執著於必須原諒父母，甚至與他們和解，而是轉向嘗試與我們的過去和平相處。即使過去不堪回首？現在正是時候。重點是，接納過去發生過的事，不需美化、不必否認，而是承認我們因它而痛苦，承認哪些地方沒有得到滿足，或是哪裡我們被要求太多。

抱持澈底接納的態度可以幫助我們清楚且完整地審視過去：我們的父母就是這樣，我們的童年就是這樣，現在一切都過去了，我們的過去已不復存在。

當我們最終不再試圖改變過去，我們會釋放能量，能積極、有意識地塑造當下的我們。我們能逐漸從過去中解脫，過著成熟大人的生活。因為所謂的獨立，意味著與過去和現在和平相處。

我們一定要原諒父母嗎？

寬恕是一種很美的概念，這樣受害者不再是受害者，而是一名堅強的倖存者。能原諒的人就會放下怨恨和所有其他不愉快。研究證實，原諒有益於身心健康，壓力減輕了，對生活的滿意度也提高了。「寬恕有益健康，」諾貝爾和平獎得主、南非大主教戴斯蒙·屠圖（Desmond Tutu）在《寬恕》中寫道：「寬恕讓我們擺脫過去、擺脫加害者、擺脫固著的受害者角色；寬恕，為了不再因為壓抑的憤怒和鬱悶遭受身心的痛苦；寬恕是我們送給自己的禮物。」

但如果寬恕並不那麼容易，因為父母加諸在我們身上的事情似乎不可原諒，那該怎麼辦？如果父母不是真心誠意，或是完全不想道歉呢？如果他們不想為他們的行為負責，寧願把錯推到我們身上，一邊又繼續傷害我們呢？

我們應該不計前嫌地原諒父母嗎？這麼做真的對我們有好處嗎？

某些心理治療師把原諒甚至是與父母和解視為個人成長的終極手法，並明確要求孩子原諒他們的父母，或者更極端一點，恭敬地接受父母造成的傷害。例如備受爭議的天主教神學家伯特・海寧格（Bert Hellinger），他在一次家族系統排列時[5]，要求一名受爸爸虐待的女兒對爸爸鞠躬並說：「我很高興這麼做。」

美國心理治療師馬克・渥林（Mark Wollyn）寫過：「找回自己的平靜就從和父母和平相處開始。」他引述了（極為簡短且斷章取義）釋一行禪師的話：「對父母發脾氣的人其實氣的是自己，想像一下玉米對著玉米粒發脾氣的樣子。」

我不認同約束般的寬恕教條，因為有些父母長期毒害孩子，要求孩子寬恕簡直是暴力行為。我想到虐待孩子的父母，他們至今沒有替自己的行為負責，並指責孩子「太敏感」或是說謊；我也想到蠻橫無理的父母，他們長期要求孩子絕對服從和聽話，否則就威脅要把他們趕出家門；我更想到那些忽略孩子、嚴重損害他們自尊心的父母，他們仍將自己的不當行為歸咎於孩子，貶低孩子的價值，混淆他們的視聽。

一個人在沒有準備好的情況下被迫原諒或和解，或強迫自己這樣做，就會面臨自我崩潰的風險，導致內外在感受不一致，甚至帶來嚴重的危機並引發悲劇性的後果，例如心理疾病或自殺。

為了長期保護自己免受傷害，不原諒父母是重要且肯定生命的決定。或者又如同瑞士心理學家米勒的警告：「要求原諒父母任何的殘忍行為是一種宗教性的要求，這必然會阻礙治療過程（那是一條通往感受和質疑父母行為與觀點的道路）。」

更進一步地說：沒有人非得要原諒父母不可。與父母和解不是一種義務，獲得寬恕也不是一種權利。

所以這意味著不應該原諒父母嗎？不是。原諒能讓內在獲得澈底的平靜，這樣的決定也會改變我們的人生。但是，它需要經由內在轉化而不是外界的壓力。原諒是一個過程，有時需要花上一輩子的時間，外力不會讓它加速，在達到目的途中也無法跳過重要的情緒和階段。

美國心理學家羅伯特．恩萊特（Robert Enright）研究寬恕議題長達數十年，他認為寬恕必須經歷幾個階段，大致可歸納出四個階段：

第一階段「發現、承認並有意識地覺察內在傷痛」，給自己憤怒、悲傷或憎恨等感受騰出空間。少了第一階段（接下來會以「同理自己」深入討論），真正的寬恕是不可能的。唯有有意識地處理自己的傷痛才能放下它，並邁入下一個階段。

第二階段「有意識地決定寬恕」：這並不是要為加害者（即父母）的行為開脫或將其遺忘，最重要的是認識到寬恕能為自己帶來什麼好處。寬恕的人可以擺脫沉重的過去和父母的

5 海寧格是根據美國家庭治療師薩提爾的重建工作發展出他的家族系統排列方法。過程中會挑選陌生人來扮演家人，代表關係中的各個位置。海寧格的家族系統排列受到抨擊，因為它演變為大型集會形式，在這些場合中，海寧格根據父權制和僵化的規範迅速為當事人制定解方，這公然違背了心理治療的基本原則。

糾葛，釋放之前被怨恨和無法消化、憤怒、仇恨和苦楚所束縛的正面能量。決定寬恕可以為我們帶來解脫，提升自我價值，給我們一種內在的力量和安全感，並幫助我們重新獲得生命的意義和目標。

第三階段「理解父母的行為」：透過不同的情境和生活場景認識他們，並對他們產生新的看法和同理他們。如同第四章提到的，關鍵是從不同的層面看待父母的能力，並藉此用更不一樣、成熟大人的角度和更多的理解來觀察他們。

第四階段「接納發生的一切」：我們已經放下發生在我們身上的不公平事件，不是經由原諒或忽略它，而是我們改變對它的態度和我們最初的反應，像是退縮、攻擊或是報復心態。我們選擇不再用過去的不公平來定義自己，而是培養出同理心、寬大為懷和善意。

接下來我們將看到的，這四個階段無法明確區分，就像任何發展一樣，寬恕過程也是循環運行的，我同意恩萊特的觀點，他不厭其煩地強調：「寬恕是艱難的事。」

儘管如此，許多來找我的人都希望能改善和父母的關係。他們和父母有舊帳未了，承受著過往的委屈或是衝突不斷，而這些事無人問津或是引發了激烈的爭執。有些人已決定一肩扛起責任並責怪自己，因為他們不敢與父母對質，甚至連在心裡也不敢。有些人則暗自期盼父母最終會發現他們的過錯並在某個時刻從新開始，甚至包括那些已經對父母失望，與父母斷絕關係的人。

然而恩萊特認為，即使父母沒有道歉也沒有持續改變，我們仍然可以有意識地寬恕他們。因為寬恕是追求內心的自由，不是追討公平正義；寬恕並不代表要忘記，而是記住卻仍然放手；再者，我們寬恕的是父母而非他們的行為。我們改變面對父母時的情感，但不為他們的行為辯解或在道德上原諒他們。

「原諒是寬恕一個人，而不是他所做的事……」政治學家漢娜・鄂蘭（Hannah Arendt）如此說道：「當錯誤被寬恕時，犯錯的人也被寬恕了，當然不會改變錯誤仍舊是錯誤。」當對方表現出悔意時，更容易得到他人的原諒。

就算表面上無法原諒，內心一樣可以自在。只要我們仍依賴他人的反應，就會阻礙自己的決定和內在的療癒過程。想想南非大主教屠圖的話：「寬恕是我們送給自己的禮物。」所謂的禮物是有意識解開把我們鎖在過去的情緒重擔，不去看我們的父母如何表現。

還有一件重要的事：寬恕不等於和解。寬恕之後，我們可以再次和父母愉快地相處，維繫彼此的關係，然而這不是**必然**。你也可以和父母分道揚鑣，從此各走各的路。一份針對受虐女童的長期研究發現，拋開憤怒和報復的感覺對受害者來說是一種治療和穩定內在價值的方式，而寬恕也會減輕她們的焦慮、沮喪和創傷後的症狀。然而如果要和加害者和解（通常是爸爸），恐懼和創傷後的反應就會再次加劇，和母親的關係也會惡化。

從這一點就可以明顯區分寬恕和和解的差異：雖然放下傷痛和尋找平靜內在的過程是有

好處且療癒，實際接觸加害者卻是危險的，不僅會害怕被無助和無力感侵襲，甚至在最糟的情況下會再次出現虐待行為。

即使在情節不太嚴重的情況下，和解也有前提：父母承擔自己行為的責任，子女也做好原諒的準備。這是親子之間的共同行為，雙方必須願意靠近彼此、聆聽對方並互相理解。沒有人承擔責任或彼此理解就無法拉近距離，當然也不可能和解。

同樣的條件也能套用在孩子身上，因為他們當然也會行為失控或有傷害父母的時候。有些孩子不願意寬恕的原因和父母最初的不當行為無關，在這種情況下，多半是想對父母進行（孩子般的）報復。如果遲遲不願和解的目的是為了懲罰父母或是引發他們的無力感，就如同我們小時候經常感受到的一樣，那麼我們就已經陷入一種脫離的阻塞狀態。我們的固執不僅讓父母痛苦，也讓自己不好過。因為怨恨和報復情緒，我們始終與父母糾纏在一起而無法適時的獨立，也沒有辦法以自己感到舒服的方式塑造自己的人生和父母的關係。

最後我想再次強調，寬恕與否必須由個人自己決定，其他人應給予尊重。無論如何，與其談寬恕或寬容，我個人比較喜歡談論「尋找內心的平靜」。不必改變父母，不用他們承認過錯，我們也可以找到平靜。無論彼此是否保有聯繫，也無論父母是否還在世，這些都不重要。與其說是與真實的父母和解，不如說是讓我們自己與自己的過去和解。

當我們接受自己的過去，擁抱自己的生命時，才能找到真正的平靜。心理學家艾瑞克森在人格發展的最後一個階段「自我統整與絕望」（見第一章）提到一項能力：在這個階段我們能回顧人生，認識並接納失敗和幸福的經歷，而不感到絕望。理想情況是，我們不只在生命的最後一刻，而是一生中都應該練習接納。不過，接納並不代表壓抑自己的需求或感受，而是接受現實，不與之抗爭。

能夠接受那些沉重的經歷，而不是與之抗爭甚至怨天尤人，就能夠好好地放下。因為在放棄改變過去的那一刻，我們就與過去和解了。

聽起來容易，情感上卻難以實踐。想要找到內心平靜需要勇氣和毅力，這條路沒有捷徑。但是朝著目標邁進的每一步都是值得的，因為這會帶領我們深刻地同理自己，包括同理我們的父母。

同理自己，同理他人

通往內心平靜的第一項且最基本的任務就是不再對抗或壓抑不愉快的感受，與**自己**和平相處。

接著，我們要接受父母的局限，並透過他們過往的經歷理解他們。這兩件事（與自己和解，然後從父母的故事中觀察他們）很重要，為了找到內心的平靜必須依序進行。因為，唯有帶著同理心回顧自己的童年和匱乏的經歷，才能用同樣溫柔的眼神看待自己的父母。只有當我們自己的傷口痊癒後，才能認清父母的傷口，也不會否定自己的痛苦。如果在認清父母的傷害對我們造成影響**之前**就試著原諒他們，我們可能會拒絕接受自己需要的同理心並淡化自身的傷痛，最後的結果會是假裝和解和維持虛假的關係。

許多人傾向忽略自己的感受，因為他們從小就這麼仿效父母。與父母之間產生的憤怒、絕望、委屈和失望因此被長久壓抑下來，代價往往是賠上心理健康和所有其他關係。因為那些不願正視自己的傷口和不舒服感受的人，往往會一次次被這些感受襲擊，並且在與他人互動時無意間表現出來：對伴侶或孩子變得極度敏感，捲入與同事或上司的權力鬥爭，或是對他人抱持過高的期待，只因為我們過去得到的太少。

「不好意思，在你面前哭了，」琳達邊說邊尷尬地看著我，「其實事情也沒糟到這個地步。」她剛才跟我描述和她爸爸碰面時的情景——他一早打電話給琳達，希望她能幫助處理一件緊急的事。

「為什麼妳非走不可？」聽到琳達要回家，他責問她。

她解釋：「因為我今天生日，在客人來之前還有很多事要做。」

「原來如此。」爸爸說，他沒有因為忘了琳達的生日而道歉，連祝賀也沒有。

「他沒有惡意，」她回應我同情的眼神說，「他就是太漫不經心了，我不怪他。」

我回想起，幾星期前的母親節，琳達的小孩沒有送她花束，當時她有多麼不滿和失望，她因此整整兩天不跟她先生說話，「因為他從不在乎我」。琳達暗自在內心記錄先生對她的關注，對她來說總是不夠；她也經常對孩子們失望，因為他們把琳達的付出「視為理所當然」。

但她的爸爸，讓她如此敏感的始作俑者，卻被她當聖人一樣寬恕和饒恕，她爸爸甚至可能因為她不聽話而趕走她。事實上，她的爸爸從琳達出生起就不喜歡她，不斷讓她感受並且知道他不想要她。琳達的生存之道是對爸爸的貶低訊息充耳不聞，並和母親重新解釋他的話：「他就愛抱怨，他沒有那個意思，這就是他表現愛的方式。」直到現在，爸爸仍然對她漠不關心，而琳達仍逃避不想面對，彷彿看不見也聽不到爸爸的拒絕，卻對先生和孩子的作為極度敏感。和許多離不開父母的人一樣，琳達找錯了當事人做了無謂的努力，然後把自己的傷口歸咎在不相干的人身上。因為現在仍時不時發作的傷口在很久以前就形成了，只有琳達認清了痛苦的根，傷口才能被治癒——讓她傷痕纍纍的是不愛她的爸爸。

正視我們的傷口和承認我們所有的感受需要一些勇氣，但這是擺脫壓在我們身上重擔的唯一方法。

在過程中，有些人起初會被憤怒侵襲。生氣和暴怒常被視為具有破壞性和令人害怕，但它們其實是寶貴的內在訊號，可以幫助我們維護自己和設定界線。壓抑攻擊性情緒的人都可能會無意識地將攻擊性情緒引向自己，或因微不足道的事情而爆發，對他人反應過度。健康地面對自己的情緒意味著，無論這些感受有多不愉快、多不受歡迎，我們都能不加批判地認可和接受。

「我們必須認清自己的憤怒，擁抱它、接納它，並與它和解。」釋一行禪師如此說道：「你不會抵抗你的憤怒，因為憤怒就是你。你的憤怒是你內心受傷的孩子，既然如此，你為什麼要對抗憤怒呢？」

接受憤怒，你就會覺得它逐漸消失。緊接在憤怒之後的往往是悲傷。我們哀悼自己所沒有的：妥善照顧我們的父母，無條件愛我們的父母，珍惜並尊重我們需求和界線的父母。許多人都害怕這股悲傷情緒：「如果我再也開心不起來怎麼辦，如果我永遠站不起來怎麼辦，如果我一直哭不停怎麼辦？」但是，當我們釋放一直以來抑制我們活力的沉痛悲傷時，情況就會完全相反：我們會像經歷憤怒一樣，走過悲傷。我們抱怨、哭泣、筋疲力盡，到了某個時候這股情緒會平息，暴風會平靜，海浪會過去。

允許自己正視感受，並帶著愛去面對感受，這會改變我們的生活和人際關係。因為，當我們靠近自己時，才有可能真正親近他人。當然，當我們想和父母和解時尤其要做到這一點。釋一行禪師說：「在你與另一個人和解之前，你需要先與自己重新溝通。」因為只要我們直視痛苦，不再拒絕或否認它，就會削弱它的威力。

越懂得同理自己，就越能照顧自己和舊傷，對父母也不再那麼依賴。我們不再需要他們來映照或確認我們的感受，也不再需要他們的同意和安慰，於是我們在獨立之路上又往前了一大步。

然後，我們可以將注意力轉移到父母身上：看到他們的本來面目，他們犯過的錯和努力，他們的缺陷和能力。認識到他們在人生中遭受的痛苦，以及為什麼他們不能為了我們成為更好的父母。因為，過往的經歷塑造了今日的他們，在最壞的情況下甚至傷害了他們。他們也曾是孩子，曾被父母壓得喘不過氣或是被忽視，得不到重視或者必須不斷付出。或許他們經歷過戰爭、逃亡，或遭遇過天然災害；或許他們曾是暴力的受害者，在家庭或社會中孤立無援，並患有創傷壓力症候群或其他心理疾病，使他們難以建立信任關係。

尤其是所謂的跨世代觀點，也就是檢視上一世代和我們家族的情感遺產，可以幫助我們找到平靜。因為當我們從幾代人的觀點來看事情時，會看到一些模式、相似之處和重複的情況，這些也傷害了我們的父母。

打小孩成習慣的爸爸曾經被他的爸爸虐待；忽視孩子的母親從來沒有體會過父母的關愛

和照顧。不是所有的經驗都會直接傳給下一代，但正是這些未經處理的情感遺產長期影響我們，同時擴及至下一代。

因此這些代代相傳的想法組成了一張責任歸屬清單，其中還包括我們的祖父母和曾祖父母的，上面清楚寫著：我們都是家族鏈條中的一環，受到家庭和社會的影響，背負著祖先的情感重擔。

在通往內心平靜的道路上，最理想的做法是重建家族史、了解暴力行為的模式、揭開祕密、識別創傷，並逐步放下沉重的家族枷鎖：透過同理，同時將自己獨立於家族史之外；釐清責任歸屬，同時放下不合理的罪惡感，並且坦然說出過往的一切，不論是沉重的、光明的、糟糕的、美好的。

因為，即使再灰暗的家族史都仍有光明的一面。有些人努力不再重複父母的錯誤，有些人擁有最善良的心，還有聰明、堅強且懂得挺身而出的人，他們質疑不合理的事件並選擇自己的方向，甚至鼓勵孩子也這麼做。還有些幸運的人，他們樂於分享自己的幸福，並試著用不同的方式讓別人也感到幸福。

這些正面故事值得被保存，因為它們釋放了我們重擔、賦予人生意義、給予我們希望，同時讓我們的內心變得越來越平靜。

三十一歲的薇布可在她第一次懷孕時來找我，她也經歷過這種情況，因為她擔心自己不能成為好母親，「我們家族裡的母親都離孩子而去」。薇布可的母親在她六歲時離家，當時她不像一般孩子和母親住在一起，而是由爸爸照顧；受到家族傳統的影響，她的外婆也在每個孩子出生後離家，直到幾個月之後才出現。

然而，當我越深入了解薇布可的家族故事，我更加更確信「烏鴉媽媽」的說法是無稽之談。因為薇布可的母親並沒有離開女兒，而是離開丈夫；即使分居後，她也經常陪伴女兒。薇布可的外婆雖然在三個小孩出生時都立即交給自己的姊姊照顧幾個月，之後仍會細心照顧孩子。例如她確保能讓兩個女兒上中學，在兒子七歲生重病時，不顧當時的風俗慣例到醫院陪伴他，因為兒子十分害怕檢查和手術。在長達好幾週的時間裡，她每天搭長途公車到醫院，只為了探望兒子半小時，讓他不那麼孤單。

「不過，為什麼外婆會在孩子一出生就離開呢？這聽起來有點殘忍，可是她後來又這麼盡心盡力照顧孩子，這是怎麼一回事？」薇布可困惑地問。為了更進一步了解，我請她詢問母親和親戚。後來薇布可得知，外婆在孩子出生後總是陷入「低潮」，有一陣子都無法回過神。外婆一生中經常纏綿病榻，檢查也找不出原因，家人總是說：「她的神經有問題。」我們可以合理地假設，薇布可的外婆（如同百分之十到十五的母親）患有產後憂鬱，後來也反覆發作。當時心理疾病被視為禁忌，當事人會被貼標籤，幾乎無法尋求專業治療或是因為感到丟臉而不願就醫。

「我們假設妳的外婆得了憂鬱症。她沒有拋下孩子不顧，反而把他們交給自己的姊姊，因為她知道孩子會被照顧得很好。等她的情況穩定後，就把孩子接回來，盡可能地照顧。」

當我以一種全新、正面的角度解釋她外婆的行為，並非如家人之前理解的那樣，薇布可哭了出來：「外婆不是壞媽媽。」自從父母分居後，她與母親的關係就不是特別密切，與母親的對話也讓她重新看待過去。「我媽媽認為我跟爸爸在一起比較好。她那時在做職前培訓，沒有時間也沒有錢。我爸爸已經有一份工作，有能力可以養活我，要是換作媽媽就必須把我交給陌生人照顧到很晚，她覺得這樣很糟糕。我媽媽也告訴我，其實我一出生她就想要離開我爸爸，但她還是等到我開始上學並覺得我能面對時才真的離開。」

薇布可的外婆和媽媽最初將孩子交給其他照顧者時，都是為了孩子的利益。這些新的訊息賦予家族史不同的面貌，也減輕了薇布可的不安。「感覺好像卸下了重擔。我們家族裡沒有好媽媽的說法是錯的，即便在艱難的時刻，她們也努力處處為孩子著想。」

每個家庭中都流傳著關於過去以及個別家庭成員的故事，這些故事總是帶有偏見，從來都不是完整的，而且意見矛盾常常被簡化為是非對錯的問題，對任何人都不公平。隱藏的或誇大的謊言、神話和祕密變成我們的家族歷史，並可能被扭曲得面目全非。因此，深入了解家族史的來龍去脈，從不同的觀點檢視並修正內容是有意義的，特別是當我們被前人流傳下來的生命課題壓得喘不過氣時。重建家庭史的重點不在於「真相」，而是盡可能拼湊起拼圖中缺少的部分。過程中可能會聽聞震驚的消息，例如隱藏多時的祕密曝光，但是在初次震驚之後往往是鬆了一口氣和豁然開朗，因為很多事情變得更清楚了，尤其是我們父母的行為或自己的感受。

面對和處理家庭的歷史可以讓我們放下過去的包袱，放下也會帶來內心的平靜。「這不是我的故事。」我一再聽到病患這麼說，他們都解開了無意識從前一代那裡承接的生命課題。

對薇布可來說，母親和外婆的新面貌也改變了她的生命。當她與過去和解的那一刻，她開始憧憬未來，尤其是孩子出生後的日子。她已不再懼怕成為母親，相反的，她抱著平常心且期待邁入人生的新階段；不只是因為她重新詮釋了家族的歷史，她在各方面與母親當時的處境也都不一樣了。

「我的人生和母親及外婆的有什麼不同？我想在哪方面表現得與母親或外婆不同？身為母親，我絕對不想讓哪些事情在孩子身上重蹈覆轍，為此，我需要做什麼呢？」這些問題可以幫助薇布可找到自己的定位，知道她和媽媽及外婆的不同。薇布可知道自己的生活和她們完全不一樣，比起她們，她擁有更多的（情感和經濟）資源。而且在孩子出生之前，她就積極的找出自己心目中好媽媽的定義：「當個好媽媽就是能給我的孩子最好的一切；必要時尋求協助，當我做得不夠好時，不苛責自己；當我犯錯時，向孩子道歉並改變我的行為。」

孩子出生之後，薇布可的治療方針就轉向了。她對女兒無條件的愛以及給予她成長過程中的安全感，讓她想起自己童年時的不滿足。她又經歷了另一個階段，因為被母親遺棄而感到憤怒和悲傷。

找到內在平靜無法一蹴可幾。薇布可澈底哀悼自己的童年和沒有母親的日子之後，她能感同身受童年時的母親，在出生後的前幾個月裡沒有母親的陪伴，後來因為母親的病也常常一個人生活，她也替母親哀悼她的命運。懷著這些感受，她處理了自己的故事和家族的歷史。在內在平靜和穩定之中，她告訴我她體會到的感受：「我感覺自己越來越清楚和有條理，我可以比以前更好地分辨我的感受，並且很快地放下。」

因為接受了這些往事，薇布可和母親的關係也緩和不少。儘管如此，她仍一再渴望能有更溫暖的母親、更多的信任、更親密的關係。「或許她做不到，或許她不知道該怎麼拉近我們的距離，」薇布可在治療尾聲時如此說道：「聽起來很難過，但這是事實，而且我現在能調適得更好了。當我想念我媽媽，又或者是一位母親時，我現在會打電話給知情的老朋友，一個溫暖又充滿母愛的朋友。我也會請我的男友給我一個擁抱，或者一邊泡澡一邊看一本好看的書，試著儘量讓自己放鬆並安慰自己。」薇布可找到內在的平靜，因為她學到了同理自己和母親。

同理父母不代表原諒他們的一切或盲目地替他們辯解。同理是指覺察並接受他們的處事方式和極限，他們就只能做到這樣。德國作家漢森在她的小說《故土》中描述了跨世代的觀察能消弭看待不稱職父母時的狹隘偏見，以及能促成父母與孩子之間產生多少的理解。漢森以故事主角安妮和她母親馬琳為例，描述當我們從父母的生活背景中認識他們時，我們往往無法了解他們的痛苦程度，但這時，曾經的苦澀失望會轉變為淡淡的感激之情。

母女二人在互不信任和敵視的情況下相處了數十年之後，安妮在一次與母親一同前往祖先居住的馬祖里（Mazury）旅行時重新認識了母親。安妮回顧由戰爭和逃亡所寫下的歷史，人員的傷亡或失去家園和家人，大家不得不在異國和陌生人一起重新生活，她同情起自己的母親。這段動人旅程的最後，安妮明白了一件事，她的母親並沒有惡意向她隱瞞什麼，而是沒有能力付出她想要的：「馬琳沒有安妮想要的東西，安妮可以拉扯她，翻遍她的口袋，像毒販一樣搜查她，但她不會找到任何她一直渴望的東西。要在哪裡才能找得到呢？她可以停止尋找，得不到想要的日子仍然要過，一樣能生活。」

接受父母其實無能為力給予我們一直需要的東西，像安妮一樣，你就已經在通往內心平靜的路上。

因此，美國諮商心理師蘇珊·佛沃（Susan Forward）建議那些已準備好放下對父母不切實際幻想、希望和期盼的患者，為此發表一段悼念詞：

「我埋葬了我對幸福家庭的幻想，我埋葬了對父母的希望和期盼，我埋葬了能夠改變他們的想法。我知道，我永遠不會擁有我想要的父母，我哀悼我的失去，但我接受它。願我的幻想安息。」

放下即是接受。當我們放下了，以往浪費在爭吵或抗爭的力氣就能用來打造現在的生活，特別是和父母建立愉快的關係。

新的規則、新的界線、新的角色——打造當下的人生

人無法選擇父母，也無法改變童年和過去，但身為成熟大人，我們可以和他人塑造彼此的互動方式。就像美國心理疾病學家哈洛德．布魯菲德（Harold Bloomfield）一樣，他多年來因為與父母關係疏遠而痛苦不堪。當他得知重病的爸爸來日不多時，他做了一個決定，不再繼續把不愉快的見面經驗歸咎於父母，而是思考見面時該做些什麼；他開始告訴爸爸他的感受：他擔心他，他愛他而且想要擁抱他。他的爸爸不習慣表達感受或展現溫柔，在第一次被擁抱時全身僵硬，他的反應勾起兒子舊時的憤怒和傷心委屈。然而，布魯菲德不像往常一樣在心裡指責爸爸的冷漠和退縮，而是堅持自己的需求：「我想表達我有多喜歡他，不管他麼害怕讓我親近。」他不間斷地拜訪爸爸，臨別時教他「正確」的擁抱方式。「花了……幾個月的時間，他才不那麼僵硬，當我們擁抱時，他透過雙臂傳達他的情感。」不得不稱讚布魯

菲德的勇氣並成熟地為自己的需求挺身而出，同時也替他開心，因為他的爸爸願意向兒子學習，讓彼此更加親近。

雖然不是每段親子關係都有如此溫馨快樂的結局，布魯菲德的故事仍然很珍貴，因為，當我們認清自己不是依附父母的無助孩子或受害者，認真面對並順從自己的感受，同時做好準備擺脫以往的角色和限制，我們就能和父母共譜美好的關係圓舞曲——旋律、節奏和舞步都漸漸變得和諧。

五十五歲的史蒂芬因為「對母親強烈過敏」來找我。「我們不常見面，因為彼此住得很遠，但每週日會通電話。講電話那一天，我的心情都非常差，要兩天後才會好轉。然後，要通話的前兩天感覺又回來了，我又開始對她不滿。其實我每週只有一到兩天可以擺脫我媽。」他抱怨地說。

「為什麼和母親聯絡帶給你這麼大的壓力？」我問他。

他說：「我母親很嚴厲，大小事都要管，從來不會稱讚我。還有，她一直對我嫌東嫌西，讓我舉個例子。我媽媽打電話來就說：哈囉，我是你媽。」

乍聽之下很平常的一句話，對史蒂芬來說彷彿是宣戰。「哈囉，我是你媽」意味著：你很久沒打電話給我了，或是你都沒來看我了，所以我不得不打電話給你，這樣你才不會忘了我。我真的會死掉！你都不關心我，別人家的兒子都不會這樣對待媽媽，你真是不孝。

一句問候就掀起了史蒂芬內心的波濤洶湧，這也難怪，因為他的內心正在與母親進行潛意識的溝通，這種方式起源於過去數不清、帶有譴責性的對話。他的童年都在指責和批評中度過：「你就不能用功一點唸書嗎？保持房間乾淨很難嗎？不能帶正常一點的朋友回家嗎？」如果他的數學考八十分，媽媽就會問為什麼不能考九十分，他應該打網球而不是踢足球，不要只聽音樂，應該要學音樂，但不可以是發出聲響的打擊樂器，一定要學鋼琴才可以。「我做的每一件事都不被看好。」史蒂芬回憶著說。他的生存策略是讓自己隱形，離開母親的視線，不透露任何關於自己的事。同時他也感到憤怒和無力，對母親和她的批評感到無能為力。

「想像一下，我們來進行一場不一樣的母子對話，」我向史蒂芬提議，「媽媽打電話給兒子，然後說：哈囉，我是你媽。這句話有沒有可能有別的意思？」

史蒂芬心不甘情不願地參與了模擬對話，「這可能是一個稀鬆平常的問候，就像我自己也會說：哈囉，我是史蒂芬。」

我讓史蒂芬想想這句話是否還有其他的意思，他搖搖頭。「妳覺得呢？」他問我。

我回答：「它也有可能是充滿愛的問候，肯定彼此之間的關係。我的女性友人常常對她的小孩說：我非常喜歡當你媽。」

他露出短暫的微笑，然後臉色又陰沉了下來。「我媽媽就不會這樣，這是我從小就夢寐以求的媽媽，但相信我，她不是那樣的媽媽。」

這就是問題的癥結點。史蒂芬從小就有一個理想母親的期待，偏偏她的母親不是那樣。問題是，**現在**他和母親的互動是否比小時候更讓他滿意；以及，母子兩人是否能摒除所有過去的自己和對未來的想像，讓彼此有機會真正地理解對方。因為布魯菲德曾說，和父母交談時，實際對話的有四個人：

1. 我們期待父母應有的理想模樣
2. 父母真實的樣貌
3. 父母期待我們應有的理想模樣
4. 我們真實的樣貌

我想要再補充另外兩個人：

5. 過去讓我們失望的父母
6. 過去讓父母失望的我們

是不是覺得一頭霧水？比起父母和子女面對面交談，他們對彼此的理想期待和失落往往主宰了當前的對話走向。就像史蒂芬和他的母親，一個問候就足以觸動史蒂芬的警報器，讓他退卻和心情沉到谷底。

「我要怎麼做才能擺脫這個惡性循環呢？」史蒂芬問：「我不想斷絕和媽媽的聯繫，但這樣下去也不是辦法，我會精疲力盡。」

如果你和父母之間也有類似的相處難題，以下有幾個建議：

- 我們可以改變設定，即外在環境和相關的潛規則；
- 我們可以改變內在的態度；
- 我們可以改變行為。

當我們接過與父母互動關係的主導權，不再任由他們（或他們的內心小孩）帶頭時，我們就主動脫離孩子的角色，同時也終止了過去彼此踩踏界線的不合宜相處模式。

讓我們從這個場景開始：每個禮拜天早上，史蒂芬都會打電話給媽媽，但從來沒有問過自己是否喜歡這種規律。

「總是上演同樣的情況，」史蒂芬說：「我問她過得好不好，她就開始滔滔不絕說一些事不關己的話題。她吃了什麼，哪個鄰居又說了誰的不是，接著抱怨天氣和電視節目，就這樣長達近半個小時，直到最後開始抱怨起我，因為我都沒有花時間陪伴她。」他嘆了一口氣，一想起這樣的對話就讓他心力交瘁。

我問他：「談話的過程中你有想做什麼的衝動嗎？」

他吃驚地看著我。「衝動？我就任由媽媽說下去。只希望一切快點結束，到最後，特別是當她開始批評我的時候，我只覺得自己一文不值。」

「對話怎麼結束的呢？」

「過了半個多小時之後，我終於掛電話了。」

「為什麼要過半個小時？」

他思考了一下，「因為我覺得這麼做才不會有歉疚感。」

我交給他一個任務，請他下次注意想結束談話的時間點。為了不讓他感到無所適從，我告訴他，他不必也不需要順從衝動，只需要仔細察覺自己什麼時候真的受夠了。

「三分鐘之後，」再見面時他如此告訴我，「三分鐘之後，我有了想掛電話的念頭，這種感覺始終盤旋在心裡，如此清晰，但我居然還能忍耐，真的太可怕了。」

「誰告訴你必須忍耐呢？」

「醫師妳啊！妳告訴我不可以被衝動牽著走。」

「在過去的這些年，誰告訴你必須忍耐和媽媽的不愉快對話呢？」我試著讓他知道，他是多麼輕易地就把自己的幸福交到別人手上，多麼輕易地就把他人（假定的）期望轉化為內心的規範。

「好問題。我媽媽從來沒有規定要講半個小時的電話，我莫名就認為半個小時就夠了，這樣她就不會再罵我了。」

「這個模式是真的嗎？半個小時就夠了？」

他驚恐地看著我，好像我建議他從現在開始應該通兩個小時的電話一樣。「不，就算過了五個小時，最後她可能還是會批評我。」

史蒂芬和他母親似乎被困在一種令人沮喪的固定模式裡——母親不間斷地自言自語，直到談話結束前的最後五分鐘，她下意識用指責來約束她的兒子。不相信孩子願意打給自己的父母，可能會利用讓孩子內疚的方式強迫他們定期打電話。

現在該是做改變的時候了：第一步是覺察自己的感受，第二步是將感受轉化為行動。

「你能想像下回跟媽媽通話時，在你感到不舒服的時候就結束對話嗎？」我問史蒂芬。

「就這樣？不行，我媽媽不會理解的，除非發生什麼很嚴重的事才有可能，」他思考了一下，「嗯，當我感到劇痛時，例如偏頭痛發作時，才有理由掛斷電話，或是我不得不去醫院了。」

史蒂芬的標準答案聽起來就像是長不大的孩子。過時，甚至是不健康的規則和慣例只有在緊急情況下、當我們無法控制情況時、當我們實際上無法採取行動時，才可以被打破。也就是說，我們不需要為改變負責。「生病的價值」一詞在這裡突然不言自明，當偏頭痛可以把我們從不愉快的對話中拯救出來，我們就寧願待在黑暗的房間裡十二個小時坐立難安。聽起來很瘋狂，但長不大的孩子一次又一次重複這樣的行為。只有在極端的條件之下，他們才允許自己打破和父母協議中不適當的條款。

像史蒂芬一樣，認為自己在與父母的關係契約中沒有發言權的人，都是在扮演一個將父母需求置於自己之上的孩子。

有些長不大的孩子會以順從或適應的方式回應，就像史蒂芬；有些則以反叛的方式表現，澈底拒絕父母想要的一切。這兩種做法都不成熟，既會阻礙親子之間真誠且愉快的互動，也限制了做決定的自主性。

相反的，成熟的大人可以熱切地與父母互動，同時又保持距離，因為他們有能力（談判）行動。他們認為自己是塑造親子關係的主動參與者，為自己的幸福負責，也不會感到愧疚。

想改善與父母的關係，就應該要表達自身的需求和界線。史蒂芬在接續幾週裡，把和母親的通話時間限制在十五分鐘內。他不再讓自己無聊地聽著母親發表每週發生的大小事，然後感到心煩，他先設想要和母親談話的內容，以及他要告訴母親自己生活裡的哪些事。幾週後，他告訴我情況不一樣了：「雖然不像是在和最要好的朋友講電話，但我不再感到那麼無力和無趣了。」

此外，他也改變了對母親的態度。「我猜，自從我爸爸去世後，她就一直孤單一人。或許和我通電話是她一週裡最期待的事。」當史蒂芬跟我描述她母親的童年時，他更能同理她的處境，他發現母親也常常被她的父母批評，她也無法達成父母的願望。「或許她以前和我也有類似的感受，」史蒂芬猜想：「現在的她就和她父母一樣，讓人不勝唏噓。」我們把她的母親想像成一個委屈的小女孩，永遠無法受到公平的對待。而且，幾十年後，她因為強烈的自卑感而欺負自己的兒子，史蒂芬因此必須實現他母親做不到的事。兒子延續母親的自我人格，他是她的希望，如果他成功滿足家庭的期望，她終於可以感覺到自己活得有價值、有意義。

在意識到這一點之後，史蒂芬仍然對母親感到厭煩，但是母親的批評對他來說不再尖銳和具有殺傷力。「當我把媽媽想像成是一個自卑的小女孩時，我對她的批評反而變得無感了，因為我已經更懂得分辨。我有點替她感到難過，她必須一直不斷證明自己，才會拿我來填補她的自卑感。」

史蒂芬跨出了關鍵的一步：這一刻，他認清母親內在的小孩，他能夠用成熟大人的態度面對她。一方面他能冷靜面對母親對他的期望，另一方面也能同理母親孩子般的行為。如此一來，他學會打斷彼此內在孩子的你來我往，或者一開始就拒絕對方的邀請。因為正是這些過去的、沒有意識的模式讓我們糾纏不清，讓我們對關係絕望，無法讓兩個成熟大人面對面相處。

我們會發現：如果現在想改善與父母的關係，光是寬恕他們過往的錯誤是不夠的，還需要做出改變，改變內心的態度和彼此相處的模式。就如同布魯菲德和史蒂芬，他們拋開孩子的角色，肩負起成熟大人的責任，有意識地調整和父母的互動方式，於是彼此的關係有了顯著的進步。

這方面最大的挑戰往往是如何真正靠近父母，又不會因此失去自我。要達到兩者之間的平衡，有一件事是不可或缺的：健康的界線。

設立健康的界線

一九一四年，美國詩人羅伯．弗洛斯特（Robert Frost）在詩作〈修牆〉（*Mending Wall*）中寫道：「好籬笆造就好鄰家」。這個比喻適用於所有人際關係，特別是和父母的關係。因為，長大意味著堅持自己，走自己的路，包括和父母以及他們的願望和期待保持距離。

無論是否牽涉到個人的重要決定，像是選擇伴侶、工作、住處或是教養的方式，我們能和父母設定適當的界線，就能明確看出我們所保持的距離。

健康的界線不是防衛、反抗、報復和懲罰，而是冷靜清晰地表達並堅持個人的需求，即使我們的父母無法接受。

然而，越是不常設立界線，關係就越是生疏，就更有可能陷入退縮、迷失自我或對他人反應過度的風險。

「如果我父母死掉就好了。」馬丁跟我描述和太太海倫娜大吵一架，接著他說出了這句話。海倫娜指責他是被父母操控的木偶，因為他常常把父母的願望擺在第一位，忽略了太太和孩子的需求。馬丁的父母想一起在西班牙馬略卡島的新建度假公寓度過十天假期，儘管他們的婚姻岌岌可危，儘管他們暗地裡不喜歡海倫娜，而且認為他的孩子不乖。

「你真的想讓四個大人和兩個青少年整整十天一起待在狹小的公寓裡？遲早都會吵得不可開交！」海倫娜警告馬丁。

「我父母都已經超過八十歲了，這說不定是我們全家最後一次一起旅行了。」

「或許也是我們一家四口最後一次一起度假了，里奧就要十七歲，米亞已經十五歲。」

馬丁試圖緩頰：「天氣很好，我們可以出門，彼此互不干擾。」

「如果在度假之前就想著怎麼避開彼此，為什麼還要一起去旅行？」

「妳不是顧家的人，」馬丁接著指責太太，「正因為妳從來沒想過和父母一起去度假，所以就想毀掉別人設想的一切。」

「重點在於你怎麼定義家人，」海倫娜回答：「對我來說，你和孩子是我的家人，你們是我最親近的人。這並不表示我不愛我的父母或是他們不是家裡的一分子，但我不會把他們的需求擺在第一位，這就是**我的**家庭觀。」

馬丁感到無力和憤怒，但他無法不去爭取父母希望他做的事。「最糟的是，海倫娜說的完全正確。我覺得父母給我很大的壓力，除了把壓力丟給我太太跟孩子，我不知道該怎麼做。我心知肚明，一起去旅行只會搞得每個人都不開心。一家人在一起成為一個快樂的大家庭，這是我父母的想像，但對任何人來說都行不通。」

「**你自己**心中有理想的度假模式嗎？」我問馬丁。

他聳聳肩。「一方面，我只想不惜一切代價取悅父母，甚至不惜讓妻子和孩子不開心；另一方面，我想和我太太一樣直接當面告訴我父母：謝謝你們的提議，但這不是個好主意。」

「所以，你想關心父母，也想為妻子和孩子挺身而出，」我總結道，「有沒有你自己想要做的？」

他搖搖頭，「我一直都不擅長這種事。我比較知道別人想要什麼，就像知道我父母想要什麼。」

「所以，如果你爸媽都死掉了，事情就簡單多了，」我說：「你認為自己終於可以思考自己想要什麼了？」馬丁點頭，雙手摀住臉。

「這種想法讓我感到丟臉。我不希望父母死掉，我只是想要不再被束縛，不必凡事考慮別人，不再被責備，不再失望和也不再感到愧疚。」

四十六歲的馬丁和父母分住兩地已長達二十四年，他事業成功，婚姻美滿，還有兩個孩子。在外人眼裡，他過著獨立自主的生活。然而他內心深處和父母的關係卻難分難解，彷彿只有父母不在了問題才能解決。「如果我父母死掉就好了」這句話並非象徵真正的死亡，而是解開糾葛的關係，讓他們對馬丁不再有任何掌控力。

就跟許多離不開父母、無法滿足自己需求也沒有練習設立界線的孩子一樣，在與父母的關係上，馬丁在順從和強烈反抗兩個極端之間徘徊，甚至不惜斷絕聯繫（因為彷彿只有父母死亡才能解決）。

「但我別無選擇，」馬丁說：「如果我告訴父母，我們不考慮假期時去拜訪他們，他們一定會大發雷霆，甚至有可能會斷絕關係。」

馬丁擔心堅持自己的需求和底線會不可避免地導致難以解決的衝突，甚至最終斷絕關係，這也是離不開父母的孩子的典型表現，害怕如神祇般的父母降怒。毫不意外，因為離不開父母的孩子往往對父母沒有安全感，不相信父母無條件的愛。結果孩子不是在自我發展上停滯不前，就是向父母隱瞞自己的個性和生活上的重大事件。離不開父母的孩子順從父母的行為，反而剝奪了他們與父母平等相處並找到衝突解方的可能。換句話說，他們不但沒有長大，反而躲在孩子的角色裡，導致與父母維持表面關係和疏離感，以及對衝突做出錯誤判斷。實際上，在關係可能中斷之前有一個很好的機會，能進一步了解對方並建立更成熟的關係，一段不再基於壓力、義務和內疚的關係，而是基於相互理解和尊重。

但是，不能完全獨立不只會影響個人的發展以及與父母的關係，其他的人際關係也會受到影響。馬丁的太太被這樣的問題困擾了許多年，因為馬丁無法把心力全都放在她和孩子身上。「只要你父母一打電話來，你就心神不寧。」她不滿馬丁的態度，已經把他排除在夏日度假計畫之外了，計畫裡當然也不包括他的父母。馬丁因此感到沮喪，並決定在心理治療的幫助下設定自己的界線：「我不敢跟父母提起這個議題，但我更害怕失去我太太，我們的緊張關係也波及到兩個孩子。在對父母的議題上，我不是個好丈夫、好爸爸，因為我希望每個人都順從我父母的意見。前不久我兒子告訴我，如果我們沒有找到兩全其美的方法，他就不跟我們一起去度假了。接著他拿出一張願望清單。一開始我認為他沒有禮貌並對他發脾氣，但其實我很欣賞他明確的態度。於是我想到，一個十七歲的少年都可以拒絕他的爸爸，或許我也應該學學這一點。」

我們花了一段時間研究馬丁的需求。他感到很困難，他從來沒有只關注自己的經驗。不過他踏上了這段艱辛的旅程，因為他知道，只有更了解自己才能抵達想要的目的地。因為在設定界線之前，必須先明白自己想要什麼，不（再）想要什麼。

「我這次不想和父母一起去度假，我不想去馬略卡島！」某天他堅定地說出想法。他計畫和太太和孩子一起去挪威度假，所有人都贊成並且很期待。接著，馬丁去找他的父母，忐忑不安地告訴他們，這次度假不會去拜訪他們。不出所料，他的父母露出失望的表情。「他們第一個念頭，這一定媳婦海倫娜造成的，因為他們根本不知道是我不想配合他們。」馬丁的爸爸很生氣，馬丁的母親懇求他重新考慮。一星期之後，馬丁的父母突然登門拜訪，想說服他去馬略卡島。聽到馬丁再度拒絕，他的爸爸指責他不知好歹。這一次，他不再像以前一樣感到愧疚，他覺得自己被操控而生氣。「我並沒有要求你們要這麼做，而且我已經多次謝絕你們的提議，但你們沒有聽進去，直接忽視我的需求，這已經不是第一次了。我已經長大，甚至我的孩子也快要成年了，我們決定一家四口一起去度假。我請你們現在就放下這個話題，和我們安靜地吃晚飯，可以嗎？」

「如果我們辦不到呢？要把我們趕出去嗎？」馬丁的爸爸喊道。

馬丁既生氣又害怕，他不想與父母爭吵，但他知道早該處理他與父母之間的衝突，而不是繼續躲避。

「我希望你們能接受我的決定，」他先看了母親，然後把目光轉向爸爸：「你們想和我保持良好的關係，還是只要我完全順從你的心意才能維持的關係，一段我感到不被重視和不斷被拉扯的關係？」一陣緊張的沉默持續了很久。

「我剛想起，以前在每週日下午都會去拜訪你的爺爺奶奶，好多年都是這樣，」馬丁的媽媽終於開口，「我曾告訴過你我討厭這件事嗎？還有，我更想和你和你爸爸單獨在一起嗎？」馬丁感到很驚訝，他以為自己是唯一覺得拜訪爺爺奶奶很無聊的人，每次結束都會開心不已。「我就是接受了，接受這是我生活的一部分。」馬丁的媽媽小聲地說。然而，周日拜訪祖父母的折磨人行程並不是在家人開誠布公的討論下結束，最終是因為他們過世才不再繼續。

在家庭治療的過程中，父母和孩子經常會發現同一個情況跨世代重演，例如分離的困難。有時，阻礙孩子獨立是因為跨世代的慣性，這時必須釐清脈絡並調整。但是，如果能認清並糾正家庭系統中的這些錯誤，整個家庭就能向前邁進。

如同馬丁的家庭，他的媽媽最後解除了兒子全家必須一起度假的義務。馬丁的爸爸花了很長時間抗拒這個他不喜歡的改變，但在某種程度上，他也接受了事實。現在馬丁和父母仍舊時不時發生衝突和讓彼此失望，但他還是練習說出自己的需求和底線。他完全有理由這麼做，因為他明確的態度對他的婚姻產生了非常正面的影響。「你變得更成熟了，」他的太太告訴他：「我覺得，我比以更信任你。」他們針鋒相對的次數變少了，感情變得越來越好。

漸漸地，馬丁和父母的關係也不一樣了：他的父母更尊重兒子，他們會詢問或徵求兒子的意見，也不再像以前一樣經常責備他。

正是馬丁的積極主動，他們的關係才會朝正向發展，此外也因為他不斷鼓起勇氣設立和父母之間的界線。

無論是每週拜訪父母或是不想和他們一起旅行，亦或是不想再聽到某些問題或不希望生活被干預，有明確的界線才能打造良好的親子關係。循序漸進地脫離父母獨立卻仍舊和他們維持互動，這樣的經驗會給整體人生帶來正面的影響：我們學會認真對待自己和他人，彼此都有權設立界線，而界線能保護我們並穩定關係。

很遺憾的是，許多人未曾有過這樣的經驗，等到成年時都不敢明確表達立場和設立界線；還有一部分的人則在憤怒和不甘心的情緒之間擺盪，因為父母不接受他們的界線，並一再挑戰他們的底線。

如果父母不願接受我們的界線，我們應該怎麼辦？

美國心理治療師內德拉．陶華（Nedra Tawwab）提出設立界線的兩個基本步驟：溝通和行動。為了讓別人了解我們，必須具體表達自己的需求，因為沒有人（甚至我們的父母）能讀懂我們的想法。而且，有時我們必須藉由行為態度來凸顯我們的界線。

哈佐暴躁的爸爸經常對他大吼大叫，他深受其苦。我請他向爸爸表達：「有件事很重要，無論你多麼憤怒，請不要對我咆哮，請你從現在開始輕聲跟我說話，這樣我更能明白你想表達什麼。」

對方無法馬上接受你的界線，有時是他忘了或難以維持，在這些情況下就必須設立底線。因此我建議哈佐，下一次如果爸爸沒有做到，他也應該透過行為讓爸爸明白自己的越界行為。這時他可以中斷對話並對爸爸說：「你正在大吼大叫，所以我要出去走走，讓我們都能冷靜下來，然後再平靜地繼續對話。」

另一個例子是派翠西亞。基於隱私保護，她希望媽媽不要把孫女的照片放在臉書上。「她才兩歲而已，」媽媽為此表示抗議，「她根本不知道我在做什麼，而且這樣我的每個朋友才知道我有一個如此可愛的孫女。」派翠西亞堅持她的想法，當她發現媽媽不顧她的意願繼續把女兒的照片放上臉書，她決定不再傳任何照片給她。

當父母一而再再而三地越界，做孩子的必須直接表達並改變做法和態度。緊接著是共同學習的過程，理想的結果是更明確、更尊重彼此。

在健康的人際關係中，規則是可以隨時協商的，這不僅是因為一切都在變化；我們持續發展、踏入一個又一個人生階段、承擔新角色、放棄舊角色。特別明顯的變化和角色轉變是在為人父母的階段：從孩子變成父母、從父母變成祖父母，所有關係都會再次重新定義。越能認清自己的需求和界線，就越能和父母和諧地共度人生的新階段。

新角色——不良父母成為好的祖父母

有些子女有了自己的孩子之後，會開始以更寬容的角度看待父母。新的責任、疲憊感、平衡自己與孩子的需求、淹沒在平淡現實中的美好願景，於是我們意識到成為理想中的父母有多麼困難。無論你是屬於想仿效父母，還是絕不跟從父母教養方式的人，最終你會發現，要達成自己的期望難如登天。認知到這一點之後，往往會讓我們更加體諒自己的父母，他們曾對我們感到不知所措，就像我們對自己的孩子一樣。

然而，孩子出生改變的不只是我們原本的角色，連我們的父母現在也多了一個新的身分：祖父母。這個新角色帶來了機會和風險：有機會支援孩子並成為孫子另一個重要的依附對象，同時也會有讓彼此失望的風險。

「我小的時候常常對父母感到失望，因為他們很少花時間陪伴我，」保羅回憶著說，「現在他們卻時不時自告奮勇要帶孫子。每當我的一個孩子病了，他們會主動說要照顧他。他們讓我們在周末有喘息的空間，我真的很感謝他們的幫忙，他們和孩子相處的方式也讓人放心，所以孩子都愛他們。他們之間的關係非常自在，與我們當時的關係截然不同。」事實上，祖孫的互動關係多半都很輕鬆，因為沒有教養的使命感，期望也少了一些。對祖父母來說，照顧孫子不是全職工作，反而是世界上最有趣的嗜好。

「我心目中糟糕的父母卻變成了最棒的祖父母，」保羅如此說道，「聽起來很刺耳，但我無法掩飾過去的不愉快，也不想淡化現在的融洽關係。我從沒想過自己有一天會稱讚我的父母，但他們真的是十分稱職的祖父母。」儘管過去的失望仍在，保羅仍以開放的心態接受父母成為祖父母的新角色，成功地朝獨立的方向邁進了一步。他並沒有將父母局限在曾經是「糟糕」的父母角色裡，而是給整個家庭有機會彼此建立新的關係。「對我來說，這就像是一種補償。當我看到他們多麼愛我的孩子，孩子也愛他們，他們彼此相處是多麼自在時，我感到很平靜。」這份跨世代的愛也再次加深了保羅和他父母之間的連結。

事實上，祖父母的身分為父母提供了與子女修復關係的絕佳機會：透過支援子女，同時也承認子女已長大成人，以及他們成為祖父母的新角色。還記得之前托比亞斯的故事嗎？他的父母聽到他要當爸爸時驚訝地說不出話來。「我們的兒子真的是一位很棒的爸爸。」在我們晤談過了幾年之後，他們寫了一封信告訴我：「看到他因為新的身分而變成熟了，我們感到很欣慰。他扛起了責任，我們也學會放手並信任他。此外，我們很喜歡和孫子在一起的時光。不過，我們並沒有忘記在孫子出生之前發生的事，那警惕我們每個人要更尊重彼此……。」

然而不是每個家庭都能像保羅和托比亞斯的家庭一樣順利地接受新角色。當不同世代的角色期望不一致時，也就是當祖父母並非子女所期望的樣子，反之亦然時；亦或過往的傷痛尚未治癒，彼此的關係就可能出現阻礙。因為，仍對父母心存兒時怨恨的子女，往往無法接受父母的積極改變，更別說感到欣慰了。

就像三十八歲的茉莉，她用懷疑眼光觀察著父母的改變：「我的父母過去從來沒有時間陪我，他們唯一關心的是我的成績和表現，我的感受和問題一點都不重要。自從我有了孩子之後，他們突然想要經常聯繫，不斷詢問我們過得怎麼樣。」雖然茉莉的父母願意支援她帶兩個小孩，但她對父母超乎尋常的親近欲望感到不滿：「對我來說一下子太多了。」

某天，茉莉取消和父母的見面，於是她的母親建議：「妳不一定要跟我們一起去，我們只想和小朋友一起去遊樂場。」茉莉爆炸了，「他們又一次忽略我，他們只在乎我的孩子。」沒有人願意承認這一點，但是當祖父母比當父母更為稱職時，子女的嫉妒感就會出現。然後，茉莉內在受委屈的小孩可能很難接受祖父母與孫子之間有愛的關係，因為她自己與父母的關係從來沒有那麼快樂和輕鬆。

「我父母從來沒有和我一起去過遊樂場。」茉莉抱怨。

「妳現在想要和父母一起去遊樂場嗎？」我問茉莉，她哭笑不得。「沒有，但我難以忍受他們現在和我的孩子享有我以前一直被剝奪的快樂。」茉莉的言詞和感受仍然默默受到內在小孩的左右，因此我引導她把焦點轉到自己缺乏的部分和需求：「小茉莉的願望是什麼？必須做什麼才會讓她感到很快樂，感到自己被好好對待並感到被愛？」茉莉沉思許久，「起初，我認為我父母必須給我些什麼，但那會是什麼？我現在已經不是小孩子了。如果我有一點屬於自己的時間就好，讀一本書或是一個人去游泳，不必照顧小孩。」成功了，她從小茉莉回到現在的自己，而且長大的茉莉意識到她確實需要父母的支持。

「不過，我不該感謝他們嗎？」茉莉不情願地問。有時候，要真正接受新角色會遇到很大的阻力，因為這意味著要拋棄舊角色和與之相關的感受。對茉莉而言，她必須放下怨恨，「我不該再埋怨他們讓我獨自一人這麼多年。」

「有這樣的規定嗎？難道妳不能同時討厭跟感謝妳的父母嗎？」我問茉莉並建議她：「何不讓小茉莉繼續討厭父母，長大的茉莉感謝父母的幫助？」茉莉嘗試了我提議的實驗，幾週後她驚訝地發現自己輕鬆了一點，也不那麼易怒了。「真的好矛盾：我越來越不壓抑自己的感受，憤怒漸漸減少了。」她不再抵抗矛盾的感覺，情緒有了紓解的空間，反應也不再激烈。因此，茉莉採取了幾個重要步驟讓自己脫離父母：她以愛心和關懷對待自己，而不是像童年時從父母那學到的那樣，禁止自己表達情感。她允許自己的孩子能親近祖父母，不干涉他們的關係；她也接受父母成為祖父母的事實，而他們也從此刻起成為更好的父母。

不過，讓父母成為祖父母不全然是新手父母的責任，也取決於祖父母能否以及如何扮演他們的角色。尊重是祖父母從事「祖父」和「祖母」工作應具備的關鍵資格之一。美國作家安娜．昆登（Anna Quindlen）曾寫過一本書談祖父母《娜爾維瓦：祖父母歷險記》（*Nanaville: Adventures in Grandparenting*，暫譯）她解釋：「這是一種奇妙的綜合體，具有豐富的經驗卻又一無所知：我知道如何撫養孩子，但我必須學會幫助他養大自己的孩子。我有過自己的做法，現在我必須學會聽從別人的。」她提到自己曾干涉兒子和媳婦的決定，他們想要送昆登的孫子上幼兒園，但她認為太早了。但是她的意見碰了釘子，沒有被採納。她的兒子明確向她表示，她並沒有發言權。當她向朋友傾訴自己的擔憂以及和兒子的衝突時，朋友沉默了許久，然後問了一個問題：「他們有徵求妳的意見嗎？」從此這個問題帶領昆登走過「祖母的管區」，並成為她在照顧孫子時最重要的指導原則。

成為祖父母是一種特權，一種禮物，也是一個機會。祖父母的身分在很大程度上取決於自己與（姻親）子女的關係，取決於他們對你的信任度，以及祖父母對身為父母的（姻親）子女的尊重度。任何人如果把祖父母的身分誤解成一種權利，並不請自來地給予建議和批評；任何人如果漠視父母的規則，並製造權力鬥爭而非信任合作；任何人如果因為說父母的壞話而讓孫子陷入選邊站的兩難，這些行為都是在耗損孫子這個最寶貴的橋梁，也傷害了和自己子女的關係。

在信任感十足的親子關係裡，當祖父母寵壞孫子時，子女通常會睜一隻眼閉一隻眼；但是當子女覺得父母不尊重他們時，一顆糖果就可能成為壓垮他們的最後一根稻草：「你總是觸碰我的底線，」做子女的會說：「現在你甚至把我的孩子也拖進你的遊戲裡。」

我們會發現，孫子擁有凝聚家庭的潛能，也可能讓一觸即發的衝突白熱化。主導的當然是大人：在理想情況下，祖父母不只要把握機會成為和藹可親的長輩，還要有自覺地在這個人生階段成為子女的好父母。而那些能夠拋開舊怨的子女，讓自己的孩子與祖父母建立起不受過去影響的關係，也給自己機會去體驗父母在另一個角色中的樣貌。某種程度上，一個家庭成員的誕生是邁向新發展的起始點，不僅影響新手爸媽，也影響整個家庭，自此有機會朝著家庭和睦的道路前進。

父母不想罷手怎麼辦？

「這根本不是愛！」安雅憤慨地大喊，接著眼淚就流了下來。在多次令人沮喪的爭吵之後，她離開了父母，他們因此無法再常常見到安雅兩歲大的兒子，於是威脅要告訴安雅的老闆她「缺乏家庭觀念」。父母隨後向她下了最後通牒：「要不妳在一個月以內想通並向我們道歉，否則我們就會請兒少福利處來介入。我們為了妳付出一切，妳不能這樣對待我們；如果我們不能時常看到孫子，妳會造成妳兒子的（包括我們的）精神傷害。」

當子女藉由反抗父母的規定來獲得自由，而父母因此感到受威脅或排斥時，他們有時會做出荒謬的威脅，我們可以想像這種勒索行為將會對親子關係造成多大的破壞。

安雅認為用如此粗暴手段對付子女的父母並不愛他們，她的看法真的正確嗎？許多反應如此極端的父母會強烈地駁斥：他們認為自己愛孩子勝過一切。但那是一種痛苦又絕望的愛，其中夾雜了對權力的追求和對無力感的逃避。這是一種有毒的愛，必須爭得你死我活，而且孩子感覺不到自己的價值，他們只是為了滿足父母的自尊。只要孩子按照父母想要的方式「表現」，父母就會覺得自己與孩子是親近的。孩子實際上變成父母的一部分，為了滿足自戀父母而存在，讓父母感到驕傲，感到自豪。

不成熟、自卑的父母往往無法面對孩子的獨立。在他們看來，子女的自主決定不是朝獨立前進的步驟，而是一種人身攻擊。當孩子最終開始設立明確的界線，要求新的遊戲規則，對自戀型父母來說無疑是種宣戰。無助和無力演變成盲目的憤怒，父母為了自衛而發起大規模反擊：「在你毀了我之前，我先毀了你。」

「我真的很怕我的父母，」安雅難過地說。她一直期盼能有新的契機，夢想著父母能理解她並向她道歉，卻一再地失望，因為父母只會指責她。「我始終都不夠好，」這是安娜的結論，「我退到無路可退，我想得到他們的愛，但批評的聲音一直沒有停止。」對話並沒有用，因為父母認定了：他們的女兒安雅難搞、敏感、忘恩負義，所有的衝突都是她造成的。

許多成年子女和安雅一樣，都希望父母某天能夠理解自己，彼此能建立更好的關係。幸運的是，雖然許多父母不一定真的了解孩子，但他們努力回應他們的想法。有些父母或許不認同孩子做的許多決定，卻仍關心孩子和他們的生活；還有一些父母，即使和子女有諸多衝突，仍然盡力保持和孩子的聯繫。

不幸的是，也有一些父母放不下孩子，拒絕為自己的行為負責。他們非常不成熟，總是把自己的需求看得比孩子的還重要，並把孩子的獨立當成是威脅或是對他個人的傷害。他們無法聆聽孩子、同理孩子、不看重他們的界線也不調整自己的態度，並拒絕孩子的需求，或是自己乾脆當個孩子。

安雅說：「每當我和媽媽討論她的不當行為時，她馬上就哭了起來。」有些父母哭泣、有些用諷刺來保護自己，有些躲在沉默高牆之後，有些則反過來指責孩子是整個悲劇的罪魁禍首：「我們是完美的父母，但你從過去到現在都是一個不肖子。」父母這些不成熟的逃避手段會讓子女覺得自己被忽略，需求被拒絕、被看輕，就像常見的角色顛倒那樣，子女要反過來照顧父母，安慰他們，道歉並收回導致衝突的所有一切。

你大概可以猜到父母崩潰行為背後的原因：子女越是疏離，父母內心小孩的反應就越激烈，他們害怕、憤怒、無力。父母越不成熟，孩子的成長就對他們越具威脅性，因為這代表著大家之前盲目跟隨的遊戲規則正在改變，而這些規則在過去全由他們制定。

不成熟的父母害怕與孩子斷了聯繫，他們往往不知道如何用建設性的方式溝通，因此他們會像安雅的父母一樣，採取幼稚且激烈的手段。

安雅問我：「我現在該怎麼面對這個威脅？」

「妳想認真面對嗎？」我這麼問是想提醒安雅，她有選擇的權利。

「他們確實讓我感到害怕，我覺得他們捉摸不定。」

我們一起檢視了父母的威脅，評估它們可能對安雅造成的實質傷害。安雅鬆了一口氣，因為她的父母不太可能聯繫她的老闆或向兒少福利處檢舉她，即使他們真的做了，她也不必承擔後果。

安雅越能覺察父母內在的絕望孩子，她就越不害怕：她突然看穿了父母無助的內心小孩，在牆上做出怪物的模樣，就像皮影戲一般，她也意識到父母不會再影響她分毫。「這讓我完全冷靜下來。現在我甚至有點同情我的父母，因為我知道他們一定很絕望。」

安雅的情緒轉變是典型的反應——我們越能擺脫與父母的糾葛，越能產生正面的能量。但是，同理父母並不表示要重新接受充滿傷害的既有模式，我們可以同理父母也可以守護自己的界線。「我仍然希望有一天我們能一起解決這些問題，但要做到這一點，我的父母必須反思他們的行為，並且對我有更多的理解，」安雅說：「只要他們做不到，我就別無選擇，出於自我保護，我必須保持安全距離，並劃清我的界線。」

多半的父母需要時間習慣孩子的改變，對於參與其中的每個人來說，獨立的過程可能有點可怕和痛苦。當孩子表達自己的界線時，即使這麼做有好處，也能把家庭關係帶往好的發展方向，但做父母的一開始會難以適應並感到受傷。

但也有一些父母，只要孩子不再聽從他們和遵循舊規則，就會因為恐懼和無力感而驚慌失措，甚至可能會斷絕與孩子的聯繫。這種反應是可悲的，因為父母不僅剝奪了孩子，也剝奪了自己成長的機會。

當父母堅持做出傷害關係的行為，拒絕回應我們和我們的需求時，該怎麼辦呢？當父母要求我們放棄自己，拒絕尊重我們的界線，甚至肆意傷害時，我們必須自保，而且唯一能做的是放手。

在多數情況下，父母確實會在某個時候意識到孩子的界線，他們做出改變是因為不想失去孩子。否則我們將會很難過，明白父母沒有能力用愛和尊重陪伴我們走入獨立的生活。於是我們可能要面對失去父母的痛苦，與父母的聯繫降至最低甚至不再往來。

真的可以斷絕與父母往來嗎？

英國作家兼藝術家王爾德（Oscar Wilde）曾寫過：「起初，孩子愛父母，長大以後，他們會評判他們，有時也會原諒他們。」但如果父母造成的傷害太嚴重怎麼辦？如果孩子一再原諒父母，他們卻一再犯同樣的錯，甚至沒有意識到自己傷害了孩子，又該如何是好？

家人中斷絕聯繫的情況比想像中還常見。在多數情況下，都是子女斷絕與家人的聯繫，他們不是一時興起，而是因為長期感受自己不被重視或不被尊重。

安雅就是這樣的例子：「我盡力了，可是一切都沒有改變。」她無奈地說。之前，她先是減少和父母聯繫，最後在父母真的聘請律師威脅她要請青少年福利處來奪走她的監護權，她才與父母斷絕聯繫。「我已經到了極限。以前我還一直認為自己可以用某種方式和他們聯絡，但是我父母居然想奪走我的孩子。真的太過分了。」安雅對事態發展感到絕望和不滿，不過就像許多與父母斷絕聯繫的孩子一樣，她覺得必須保護自己免受父母的傷害。

許多父母不知道自己的期望或行為給孩子造成多大的負擔，當子女孤立自己或遠離他們時，他們往往會承受更大的壓力。最常見的是父母在孩子斷絕聯繫之前，曾暗示或明示以「撤回愛」來威脅孩子，亦即在情感上終止聯繫：

「如果你表現出的樣子不是我想要的，我就不再愛你了。」

「如果你不聽從我的意見，那就是反抗我。」

「如果你不照我說的話做，你就是和我作對，那我一定要你好看。」

充滿愛和溫柔的互動變得越來越少甚至消失了，最後雙方都感到不解和失望。然後就是一次爭吵，一次見面，之後孩子決定：「我不能再這樣下去了，這樣下去不行，我不想再和他們來往。」事情發展至此是許多父母意想不到的事，他們對孩子的決定感到震驚，在情感上無法理解導致這一切的原因。

然而對孩子來說，斷絕聯繫之後經常會有一段情緒的緩解期。戰爭終於有停火的時候，終於有了自我保護和喘息機會，不再有持續的衝突、指責或貶低。

事實上，斷絕聯繫（儘管最初可能會讓每個相關的人感到困難和絕望）很少會持續到永遠，相反的，家人還是會繼續聯繫。對彼此的渴望和對重新開始的期盼，在一段時間後往往會促成彼此恢復往來。

我一次次目睹了令人感動的和解。當父母試著更努力理解孩子，並為衝突承擔更多責任時，孩子們對父母的寬容給我留下了深刻的印象。因為有些父母利用沒有聯絡的空白時間深刻地省思：出於對孩子的愛，他們開始質疑自己的態度，意識錯誤並承擔責任，他們比之前更努力站在孩子的立場思考事情。

六十四歲的朱塔說：「我真的很傷心，我為我過去表現出的一些行為感到丟臉。」她因為女兒凡妮莎不再和她聯絡而難過。「我現在才意識到，自己不斷干涉女兒的人生對她造成多大的傷害。我就是無法不擔心，然而對我女兒來說，這表示我不信任她，對她沒有信心。」朱塔看著女兒，在將近一年沒有與母親聯繫之後，她勉強答應在我的診所進行談話。

「我想跟妳道歉，」朱塔語帶沙啞對女兒說，「我無法保證自己從現在起做的每一件事都是對的，但是請妳相信我，我想要繼續學習；我保證，我會更努力傾聽妳的想法、尊重妳的界線並控制好我的態度。妳對我來說無比重要，我不想要失去妳。」

凡妮莎靜靜地坐著點頭。她很小心，要重建信任感需要經過多次的晤談。不過她已經準備迎接新的開始，因為她感受到母親反省並質疑自己行為的認真態度。她也開始理解自己在如此嚴重事態中所扮演的角色：她給予母親太多的權力，因此她對她的反應才會這麼強烈；她也明白清楚表達自己的需求和設定更好的界線是多麼重要。在這個家庭裡，女兒的暫時不聯絡是推動個人成長或家庭互動關係變化的契機。

如果父母不願意反省行為，也不想承擔自己在衝突中該負的責任怎麼辦？或是子女無法原諒父母呢？如果彼此的信任感再也回不來，不願意理解而是澈底的不信任呢？只要雙方一直僵持不下，子女和父母之間就注定無法和解。

法國作家埃爾韋．勒．泰利耶（Hervé le Tellier）在《每個幸福的家庭》（*Toutes les familles heureuses*，暫譯）描述了他多年來與不在身邊的爸爸和「瘋狂」的母親疏離的經歷，以及他如何試圖離開他們但仍然保持聯繫。最後他確信：「有時，一個孩子除了逃跑之外別無選擇，儘管他的脆弱會帶來各種危險，但逃離讓他更加熱愛生命。」

尼克拉斯也有相同的感受，和母親長年的衝突無法化解，他不得不斷絕聯絡。尼克拉斯和爸爸的關係十分緊密且充滿了愛，但打從十年前父母離異後，母親便不斷要求尼克拉斯與爸爸決裂。「她說我在背後捅她一刀，她認為我是與敵人勾結的叛徒。」

對尼克拉斯來說，和母親斷絕聯繫不僅是解脫，也是嚴重的損失。他不斷自問，該不該把自己的幸福看得比母親還重要。「我是一個壞兒子嗎？我真的可以不和她聯絡嗎？難道不需要把握每個和好的機會嗎？」他自責，也怪母親；他掙扎、悲傷、對母親不滿，希望她能改變。

當他的女友懷孕時，他試著再次和母親聯絡，最後仍然以失望收場。「她再次要我選邊站，選她或者選我爸爸。讓人難以忍受的是，比起孩子出生的喜悅，她更看重自己的需求，她要求孫子不可以和祖父來往。」

尼克拉斯懷著沉重的心情，開始接受現狀並放棄改變的希望。隨著時間過去，他的心情漸漸平復下來。他不再天天在內心裡和母親進行痛苦的對話，他也不再總是想要成為母親眼裡的好兒子，而是更在乎如何成為一個好爸爸。一個無條件愛兒子的爸爸，支持他的決定或至少不要限制他，更不要說責罰他。在過程中，他對母親的態度轉變了，對她的看法也更寬闊。他從各方面認識她，不僅看到她的不公平、以自我為中心、痛苦的一面，還有她值得愛的地方。當他還是小男孩時，她對他百般呵護，陪他玩耍，安慰和安撫他，和她在一起感到多麼安心。在治療的尾聲他意識到：「我愛我的母親。在我還小的時候，我在她身上有過美好和溫暖的回憶；在很多時候我感到安心和被愛。」然而他對母親的感激並沒有改變他深思之後的決定，他不再和母親聯絡。「因為我了解，他對我爸爸的恨意遠大於我們的關係和對我的愛。」因此尼克拉斯意識到，不再和母親往來是唯一的選擇，他不必再壓抑自己的感受，無論是對爸爸還是對母親的。「矛盾的是，斷絕聯繫讓我可以繼續愛我媽媽，」尼克拉斯說道，「因為我不再讓自己被她的痛苦糾結牽連。我越重視自己的需求和忠於自己的心，就越能接受母親的局限。我仍然對現在的情況感到遺憾，但我接受我們兩個無法再向彼此靠近一步。」尼克拉斯已經說得很清楚，他就像許多不再與父母聯繫的孩子一樣，最終接受了斷絕聯繫雖然難過，卻是最好的方法。

「有很長一段時間，我無法想像要接受這件事，但今天我已經無所謂了。我不再希望從母親那裡得到她無法給予的東西。過去的怨恨統統放下了，我看到了她原本的樣子，有她慈愛、可愛的一面，也有粗魯、不公正的一面，當我不順從她的心意，她就會討厭我。很遺憾她把自己限制住了，我希望她能得到幫助，但我明白，我既不能改變她也不能拯救她。有了這個安全距離，我可以用愉悅的心情看著她。」雖然尼克拉斯不再和母親聯絡，但他已在內心與母親和解。在最艱難的條件下，他成功地脫離了母親。

在我們上次談話之後又過了幾年，因為和女友分手，尼克拉斯再次來找我，我發現他變得更成熟了。「我從來沒有這麼低潮過，」他說：「我非常氣我女友。但我明白一件事，我的女兒才五歲，我希望她不會因此受到任何傷害，我會竭盡所能讓她不至於陷入選邊站的衝突裡。」他流下了眼淚，分手的悲傷和對女兒的責任壓垮了他。但他仍堅守自己設定的目標，並在這場危機中超越過去的自己，並且擺脫了以往和母親起衝突時的不成熟心態。他透過心理治療來處理對女友的憤怒和被拋棄的委屈，希望不波及到女兒。

「不說對方的壞話。」這是尼克拉斯和女友堅持的原則。他還很在乎一件事：「我和女友在一起八年，我深愛過她，她是我們女兒的母親，永遠是我生命中的一部分。無論我現在有多麼失望，我想要一直和她保持良好的關係。我不想走上父母的老路。不只是為了我女兒，也為了我自己。」尼克拉斯和他的前女友經歷了許多痛心的時刻，但他們互相尊重並保持和睦的關係，這樣也保護了女兒免於選邊站的困境。

此外，尼克拉斯打破了跨世代關係破裂的循環。因為回顧他的家族史可以看出，斷絕關係已是常態，這種情況在他的家族裡一再上演。尼克拉斯的外公在拋妻棄子之後就成了不受歡迎的人，孩子們彼此不和，尼克拉斯的母親不再和四個兄弟姊妹其中的三人聯繫，母親和外婆之間也是紛擾不斷，直到她過世，家裡都還籠罩著歉疚的氛圍。

但是尼克拉斯決定要拋棄這種有害的家庭傳統。他要做女兒的榜樣，他用成熟的態度解決衝突，而不是乾脆斷絕和女友的往來，即使分手也可以彼此尊重。不過讓人遺憾的是，尼克拉斯的女兒迄今沒有機會認識祖母。尼克拉斯決定順從女兒的願望：「如果她想和祖母聯絡，我會協助她。如果她們能相處融洽，很好，如果不行，我也會接她回來。」

從尼克拉斯的故事裡我們可以發現，要找到內心的平靜必須在不同的層面上下功夫：包括接受父母原本的樣子，哀悼他們不是我們想要或需要的親密夥伴；以及，為了擺脫以往的糾葛，必須認清自己和父母的成熟程度，不去想著改變父母，而是專注在自己的發展。

我們的獨立程度最終會在危機時刻顯現出來——我們會回到舊有的家庭模式，還是依賴以往的生存策略？或者是，我們能採取不一樣、甚至更好的方法讓我們免於重蹈覆轍？尼克拉斯證明了，我們能夠決定怎麼過生活。無論父母多麼不成熟、多麼頑固，也無論我們是否與他們保持聯繫，我們都在內心和父母和平相處。因為和解不一定會帶來內心的平靜，往往是內心寬恕了，平靜就會到來。

父母不在了以後——與失去和解放共存

我們每個人都會經歷要與父母告別的最後時刻。無論彼此的關係多麼複雜，無論彼此是否不再來往，或是我們能在適當的年紀以健康的方式脫離父母——父母離世都會讓我們悲痛，因為死亡是改變不了的事實，死亡摧毀了希望，也埋葬了渴望。

對很多人來說，父母過世後，過去的傷口會再次痛苦地揭開。瑞典作家彼得．魏斯（Peter Weiss）在他的小說《辭別雙親》（*Abschied von den Eltern*，暫譯）中描繪了遺憾的痛苦：「我的悲傷不是為了他們，因為我對他們的認識極其有限。我的悲傷是為了我所錯過的，我的童年和青春時期一片空白。我的悲傷是因為我意識到，一個家庭的成員嘗試一起生活了幾十年，卻完全失敗了。哀傷是因為太遲了，在墳墓前我們兄弟姊妹相聚，然後再次分開，各走各的路。」

和父母有強烈情感連結的孩子，他們的感受就完全不同：他們哀悼永遠的失去，哀悼父母的離世造成生命的巨大空虛。「不能再打電話，再也聽不見聲音，他不能再安慰我或是陪我一起笑。」寶拉說道。她爸爸幾日前突然過世，她久久無法接受，整整過了一年傷痛才逐漸減輕。她說：「我真的沒有料想到會這樣。」一般來說，我們都知道父母會比我們早離世，但有時也看得過於理所當然。畢竟父母的死讓我們面對自己的局限，以及在這世上獨立的責任。

佛洛伊德的爸爸在他四十歲時過世，他說：「外表底下某個陰暗的心底深處，老人的死亡帶給我沉重的傷痛。我很尊重他，也非常了解他。他深邃的智慧和令人難以置信的直覺點綴了我的生命。他很長壽，但我內心所有過去的東西都在這次事件中被喚醒了……我現在有一種被連根拔起的感覺。」即使我們長大成人多時也已經有了自己的孩子，隨著父母的離去，我們也失去了過去某個重要的東西，失去了歸屬感和支柱。父母的離開逼得我們進入另一個獨立的階段，這一步往往比我們想像中更困難。

某些子女因為親愛父母的死去長期陷入哀傷，甚至無法停止思念，另一邊有毒父母的子女卻鬆了一口氣，因為父母離世也象徵彼此關係的結束，可以過著自己想要的生活。塞爾維亞表演藝術家瑪麗娜·阿布拉莫維奇（Marina Abramović）是少數公開打破禁忌的人，她不盲目尊崇和保護父母，在父母過世後直言不諱地表達自己的想法。「我對我母親沒有什麼好印象，」阿布拉莫維奇在一次訪談中說道，「她死了之後，我才感受到真正的自由。」

直到六歲之前，阿布拉莫維奇是由祖母帶大。弟弟出生後，父母把她接回家，但對她來說他們就像陌生人。「從那一刻起，我的童年就是黑白的。不合理的控制、規矩和家暴，我就是在這樣的環境中長大，任何事都很嚴苛。我母親從來不會親我，每當我問她為什麼，她只回答：為了不要寵壞妳，就是這樣。」

父母離婚之後，阿布拉莫維奇跟著媽媽生活，直到二十九歲才搬出家裡，離開貝爾格勒跟隨丈夫去阿姆斯特丹。看著阿布拉莫維奇的作品就會發現，那彷彿是她和母親的不斷對話：她所忍受的嚴苛、紀律、暴力，或者她加諸在自己身上的種種。但是自由的感覺直到她母親過世時才出現，當時阿布拉莫維奇已經六十一歲了。

阿布拉莫維奇的故事不是個案。無法在父母生前與他們分離的子女，父母的過世帶給他們的不只是失去的痛苦，往往還伴隨著解脫，特別是一輩子都因為父母而煎熬的子女。

就像皮雅，她母親烏拉在她四十七歲時過世。自她有記憶以來，母親就很依賴她。皮雅回憶說：「基本上，我努力拯救我媽媽。」皮雅總是隨傳隨到，在母親不舒服、父母吵架還有母親覺得無聊的時候。因為母親抱怨心臟不舒服，她趕忙中斷度假飛回家；因為母親不喜歡她交往的對象，她和對方分手；她拒絕了一個條件很好的工作，因為上班的路途太遙遠，母親指責她留她一個人在家。無論皮雅為了母親放棄了什麼，無論她替母親做了什麼，無論她在搬出去之後如何支持她，她的母親一點都沒變，也沒有抓住任何一個擺在她面前的機會。皮雅離家之後，母親不去工作，也不離開爸爸，她決定到死之前都要當個受害者；另一方面，皮雅在母親過世前一直都感到愧疚，無論她多麼努力，她都救不了母親。

直到母親過世後，皮雅頭一次感到解脫了。她不必再對母親負責，母親的不幸再也與她無關，也不再有注定失敗的戲劇性救援行動，因為在母親的人生裡，幸福從來不在計畫之中。

現在皮雅有餘力關注自己的生活。她意識到自己並不開心，她為母親做出許多的決定，卻很少注意自己的需求。母親的死讓她卸下了重擔，突然間她有了新目標：從即刻起要過得比母親更幸福。

對於皮雅和許多人而言，父母過世是一種解脫，因為他們終於可以結束親子關係。不再有責任，不必再打電話或拜訪，不再「假裝」有良好的關係，不必爭論不休，沒有傷害和失望。父母過世就是一個自然的終點，讓人可以將過去的一切拋諸腦後。我們可以告別那些過去從未存在，未來也不會實現的一切：告別對理想父母的嚮往，那些無條件愛我們的父母；告別成熟父母的形象，那些能夠建設性地解決衝突的父母；告別能給予安全感和庇護，又能鼓勵我們自主獨立的父母。大多數人心中長久（甚至一輩子）都渴望著某種父母的形象，他們不斷給父母機會，希望他們能成為更好的父母，卻一次又一次地失望，因為父母始終如故。一旦父母不在了，改變也不需要了，原本的希望最終還是隨著父母逝去落空了。

父母過世也是我們人生的一個轉捩點，因為以往的權力關係永遠地解除了。他們無法再提出要求，不會再感到失望，不會再發表任何意見。一旦父母的期望消失了，自己的需求就被看見了。「現在我終於有自己的生活了。」許多孩子像皮雅一樣，被迫捲入父母的生活。

因此有些人在父母過世後，終於擁有了長久以來難以想像的內在平靜。

「有些東西從我身上消失了，」湯姆描述著自己站在爸爸病床邊的感受，「我們的沉重關係結束了。」湯姆的爸爸是個酒鬼，直到湯姆十一歲時，他都還記得一個躺在沙發上說話含糊不清的陌生人。湯姆的母親威脅要和他離婚，爸爸開始戒酒並且發誓：「等到孩子們離開這個家，我就要再次盡情暢飲。」爸爸說到做到，排行最小的湯姆在十七歲時離家，不到一星期爸爸就又故態復萌。

接下來的幾年裡，湯姆和爸爸偶爾碰面，但彷彿是兩個不認識的人聚在一起。「我爸爸人很好，我們聊得很開心，但一點都沒有親近感。他對我根本不感興趣，我知道他會在別人面前炫耀我這個兒子，但我們之間沒有真正的交流，他就只想著要喝酒而已。」

湯姆當爸爸的那一刻，他的爸爸沒有恭喜孩子出生，對孫子不聞不問也不想見他。他是個缺席的爸爸，也是個缺席的祖父，現在他們已經完全沒有聯繫。轉眼十年過去，湯姆習慣了沒有聯絡的日子，但是爸爸缺席的遺憾仍在：「我總是有股莫名的痛苦。」

上一次見到爸爸已是二十二年前，後來一位親戚通知湯姆爸爸病危，要他去向他道別。湯姆焦躁不安，所以請人問爸爸是否希望他去探望。爸爸回答：「如果他想的話就來吧。」在湯姆抵達前半小時，爸爸嚥下了最後一口氣，彷彿他拒絕與兒子做最後的道別。爸爸的作風一向如此，他不想要任何真正的接觸。

當湯姆站在爸爸冰冷的身體旁邊時，就好像在看著一名陌生人。爸爸就躺在那裡，被酒精摧殘的身體看起來瘦小又脆弱。他沒了呼吸，再也站不起來，也不會和湯姆說話，不再有知覺也不再感到痛苦。

「當下的感受難以言喻。感覺像是豁然開朗，一種非常清晰的感覺：他死了，而我還活著。剎那間我知道他再也傷害不了我了，他再也影響不了任何人事物。然後，我沒由來地感到安慰。無論他對我做了什麼，他在五十四年前已經給了我他能給的一切：給予我生命。」

我們的生命就是父母給我們最大的禮物。我們一定要感謝他們嗎？不，因為我們並沒有要求他們，而且生命對某些人來說是重擔，父母越是沒有能力照顧我們，我們的壓力就越重。然而無論出於什麼原因感謝父母，都會帶來內心的平靜和滿足。能夠感恩就能放下，就像湯姆一樣，站在爸爸遺體旁邊，他終於和自己的失望和怨恨說再見。

於是，那些父母尚在的子女仍未克服的那一步，湯姆做到了：在父母過世後放下他們，同時也讓自己從一直以來拖垮生活的枷鎖中解脫出來。

父母過世並不能表示子女的獨立一定會成功。有些人在父母死後仍然沒有解脫，他們遵從父母的命令，感到愧疚，因為不能拯救父母，渴望父母生前無法給予的東西。他們抵抗父母或父母的價值觀，藉由抵制父母的期望來懲罰或報復父母，在最糟的情況下，他們會傾盡一生來順應或反抗父母。

因此父母的過世是一個關鍵時刻，讓我們再次意識到他們對我們人生的影響：唯有認清自己在哪些方面盲目地遵從或反抗父母的命令和規矩時，我們才能關閉內心那個由父母設定的自動駕駛程式，重新以自主的方式為自己的人生掌舵。

第6章

我是自己命運的主人；
我是自己靈魂的舵手。

——英國詩人威廉・歐內斯特・亨利（William Ernest Henley），〈永不屈服〉（Invictus）

如果我還是需要好父母呢？做自己的好媽媽、好爸爸

根據安地斯山區的薩滿信仰，一個人會帶著兩本書來到這世上：一本金書和一本銀書。銀書裡已經寫滿內容，金書裡則是空白的紙張。最初我們會花上一段時間，按照銀書的指示過生活，但每個人的生命中總有這樣的時刻，必須放下銀書，開始填寫金書。更科學一點地解釋：除了我們熟知的遺傳和後天環境的影響因素之外，另外一個因素是我們的決策能力。因為，儘管我們確實是家庭的產物，內建了家族的遺傳基因和情感遺產，家庭規矩和內化信念也塑造了我們的人格，但我們自從出生以來就一直忙著脫離家庭，成為我們自己。脫離意味著認清、質疑被灌輸的想法，並且擺脫不適合我們或無益之處；脫離代表找到自己的路，而不是盲目地照著父母的指示前進；脫離是闔上銀書，並開始撰寫金書。

有些人一直到父母過世那一刻才拿起金書，有些人則逃避為人生負責，長久一來一直希望擁有不存在的理想父母；另外有一些人很早就開始撰寫自己的劇本。

如果你意識到掌握自己人生的時刻到了，但是對於邁向獨立的最後一步還是有點躊躇不前，這一章就是為你準備的。因為即使我們準備好與父母和解，為自己的成年人生負責，可

能還是會感到些許的不安或是恐懼：「我一個人辦不到，時不時仍然需要好父母該怎麼辦？」直到父母過世之前，我們每個人都會面臨這個重要的問題。因為，無論我們多麼獨立和不依賴，我們的人生裡都需要以父母為榜樣，慈愛地陪伴我們，給我們鼓勵和安慰。有些人會適時尋找父母的替身，他們會「接受」比親生父母更有愛心的替代人選，無論是心地善良的年長同事、熱心的鄰居，或是慷慨又風趣的岳父母或公婆。

不過，還有一個地方可以找到這樣的父母：在我們的內心裡。因為無論現實中的父母如何照顧我們，我們隨時都可以做自己的好父母。我們希望從父母身上得到的，靠自己就能滿足：認真看待自己的感受、關注自己的需求、設立健康的界線，其實就是好好愛自己。

當自己需要的好父母，首先要翻閱一下銀書，了解我一直缺乏什麼形式的支持和陪伴，需要哪些資源幫助自己進步。更重要的是要找出那些父母傳承下來且影響我們的負面觀念，因為這些觀念會毒害我們，貶低我們的自尊並阻礙我們前進。幸運的是，只要稍加練習，這些觀念就能被正面的信念所取代，而正面的信念能強化我們，帶領我們走過人生的每一步。

金書的內容不會自己無中生有，每個句子和內容情節都要由我們提筆寫下。我們對自己的人生負責，只有我們能決定自己要怎麼過。

當你意識到，無論親生父母在現實中如何，你今天就可以開始成為自己的好母親和好父親，那麼現在正是你能真正脫離父母的最佳時刻。

照顧自己的基本課程

一九七七年十一月四日，法國作家羅蘭・巴特（Roland Barthes）在母親過世後的第九天在《哀悼日記》裡寫下：「傍晚六點左右：房子很溫馨、舒服、明亮、乾淨。我花了力氣和精神把房子整理乾淨（帶著苦澀的心情）：從現在起，我就是自己的母親了。」父母的過世迫使我們獨立，自己照顧自己。從被父母照顧到逐漸變成自己照顧自己，這是成熟大人的必經過程。自我照顧涵蓋的層面有許多，會影響我們的身體和心理。基本上，自我照顧包括一切有助於我們身心健康的事情。

然而很多人從來沒有學會或是漸漸忘記要細心呵護自己。從最基本的事情開始：當我們飢餓或口渴時卻不吃或不喝，或隨便吃而不細細品嚐，甚至是吃不健康的東西；我們的身體會有大大小小的疼痛，但我們不是照顧身體讓它獲得所需的運動和休息，而是服用止痛藥。而且我們常常會忽略不愉快的感覺，分散注意力或麻木自己，而不是澈底了解自己的感受，理解、整合，並放下它們。

「今天你有多少次停下來思考自己的感受？」我問伊麗絲。

「老實說沒有，」她回答。從和另一半的相處、朋友關係到工作職場，三十七歲的她不斷把自己逼到極限。然後她身心俱疲、難過和憤怒，因為沒有人關心她。夜深人靜，她的男友和女兒入睡了以後，她溜進客廳悄悄地吃著甜食和看影集，有時到半夜才去睡覺。事後她覺得很糟糕並責怪自己不自律，體重不斷上升。伊麗絲感到不只是她的身體，基本上是整個生活都失去了平衡，因此她找上了我。她對伴侶、同事和老闆抱怨了將近一個小時，怪他們對她要求太多，之後我問她：「聽起來非常辛苦，如果我是妳的話，我不想再繼續下去了。要怎麼做才能讓妳更加照顧自己呢？」

這個問題讓她嚇了一跳，因為她把焦點從對其他人的憤怒轉移到自己的責任上。她思考了一下子，沒有想到任何答案。

「妳還記得過去哪種情況下妳曾好好地照顧自己？」我提了另一個問題。

「我懷孕的時候，」她不假思索地回答，「孕期是我人生中最美好的時刻，我非常有意識、非常健康地生活，讓自己有休息的時間，把自己照顧得很好。」她停了一下子接著說：「但是，當時我對身體裡的小生命有責任。」

「現在呢？」我問她：「妳現在要為誰負責呢？」

她不自覺地撫摸著肚子。「妳是指，我應該像照顧未出生的孩子一樣照顧自己？」然後她嚴肅地看著我：「我現在就能告訴妳，這根本太難了。」

但是，這正是我們每個人最終的目標：成為自己的好父母，像照顧孩子一樣，用愛心並規律地照顧自己。更加關注自己的需求和界線，而不是繼續將此任務交給別人，然後因為得不到我們需要的東西而感到憤怒和失望。

接下來的幾個月，我和伊麗絲一起重回她的懷孕過程：「在這個特別的孕期裡，妳不是真的有了小孩，而是每天都學著當**自己**的好媽媽。」我請她每天晚上寫日記，記錄怎麼照顧自己。第一步是採取可行的小步驟，例如健康規律的飲食和充足的睡眠。

「上星期，我有四天在午夜前就上床睡覺，而且一覺到天亮，」伊麗絲在下一次晤談中得意地對我說，「除此之外，我開始在睡前看書，而且有點沉迷，我已經好久都沒有這樣子了。」因為伊麗絲馬上就感受到照顧自己的好處，輕鬆就能維持自律。但是，她還是有一些無法輕易改掉的習慣，「我還是一樣承擔太多東西，說不對我來說真的好難，」她坦誠地說：「結果憤怒情緒馬上就跑出來，一開始是對我施壓的人，然後是對我自己，因為我沒能力保護自己。」

改變的第一步是一個人堅定的意圖，第二步是認清自己在哪些地方成為了改變的阻礙。不過，如果改變無法如我們所願快速實現，折磨自己也於事無補。因此我請伊麗絲回想從執行照顧自己的練習開始，是否成功地說過「不」。她馬上想起上週的三個時間點。

「太棒了，」我說，「一個好媽媽現在會做什麼呢？」

「很開心，並稱讚孩子！」她笑著拍拍自己的肩膀說道。

事實上，我們大多數人都和伊麗絲一樣很擅長批評自己，不懂得稱讚自己。現在想像一下，我們有一個正在學步卻跌跌撞撞的孩子，我們會批評他嗎？當然不會。好父母不會在孩子失敗時批評，相反的他們會安慰孩子。此外，他們不會把焦點放在孩子沒有成功的試驗上，而是注意他們的進步。好的父母會在孩子學走路時鼓勵他們，無論他們走得多麼搖搖晃晃，父母都肯定他們的每一個小小步伐。作為成年人，我們仍然需要給予自己這種愛的支持，尤其是當我們開始困難甚至痛苦的學習過程時。

「為什麼我就不能對自己好一點？」當伊麗絲發現她常常對自己無情又狠心時，她如此問道。

「很明顯的，妳才剛學習這件事，」我向她解釋。因為很難關注自己、疼愛自己的人，往往都有嚴厲且高壓的父母，他們沒有察覺孩子的需求。

在很多情況下，成為自己的好父母是比你的父母更加疼惜自己。這顯然是一個非常艱難的課題，但只要我們敢於迎接最終的脫離父母階段，這是可以克服的，只要我們開始質疑自己的基本想法，也就是告別了那些在童年時產生的有害信念，轉而建立新的正面想法的時候。

認清及改變信念

即使我們已經長大成人且離家多時，即使父母也早就不在人世，我們的內心裡仍然裝著父母。因為我們從小就聽著內心裡播放著父母的廣播節目，彷彿像是伴隨人生的一種背景音樂。如果幸運的話，這會是一段振奮人心的旋律，帶給我們勇氣和力量。不過這個節目往往讓人感到辛苦和筋疲力盡，歌詞聽起來一板一眼且充滿批評：這些都是我們熟悉的、非語言的訊息，是父母在照顧和養育我們，並努力按照家庭和社會傳統為我們的人生做好準備。

基本上，父母的廣播節目從我們出生的第一天起就已經內建在我們身上，最初是為了傳達父母養育我們的方式。父母越能細心覺察和回應我們的需求，我們就會感到更幸福和安心。父母平靜的聲音、溫暖和安慰培養了我們的自信和對環境的信任。健康的信念就在這時形成：**我很好，世界很美好，我很安全**。

童年時期以及在成長過程中如何獲得支持，主宰著我們「內在信念」的組成：好的、安慰的、支持自尊的聲音，但也有負面的、批判的、絕望的和無助的聲音。一旦負面的聲音大於正面，我們的內在就無法協調，會認為自己沒有用、很糟糕、沒有價值，我們不再相信自己，對事物絕望。在最糟糕的情況下，心理疾病會找上門，像是憂鬱症或是為了麻痺自己而對某些事物成癮。

每個人都知道內心的聲音有強有弱，但對於內心強大的人來說，正面的內心聲音和獨白會讓他們更有自信：「**一切都會好轉，下次會更進步，這不是世界末日，即使沒有每件事都成功，我仍然值得被愛。**」

但是，如果父母無法在我們小時候妥善照顧我們怎麼辦？如果他們沒有發覺或沒有滿足我們對連結、自主、快樂滿足和認同的基本需求呢？如果他們甚至忽視或虐待我們呢？那麼我們會比其他人過得更辛苦，因為這些早期的經驗塑造了我們看待自己和環境的方式。世界對我們而言會是一個不安全，或是充滿敵意的地方。沒有人回應我們的呼救，提出需求反而會遭到懲罰，無力和孤單的感受造成嚴重的心理壓力，這些後果可能會影響我們的一生，因為如果沒有成人照顧者的幫助，我們無法在必要時調節情緒。結果是我們不懂得安撫自己，或是無法接受別人的安慰。即使長大了，我們仍然會被自己的情緒淹沒，一次又一次陷入童年時的絕望深淵。

因此，父母的重要任務是幫助孩子探索他們的感受世界：體會孩子的感受，並為他們的感受分類和命名，讓孩子學會了解自己。

「你很傷心，因為媽媽出去了，」爸爸對兩歲的兒子班恩說，因為媽媽外出，他開始哭了起來。爸爸透過表情（難過的臉）和不帶批判的言語反應孩子的感受，讓兒子明白傷心也沒關係。接著爸爸抱起班恩並安慰他：「媽媽很快就回來了，我們邊等邊玩遊戲，你想玩哪一種呢？」班恩指向他的積木，玩遊戲的時候他恢復了平靜。兩個小時後，班恩開心地看到媽媽回來了。透過這種細微的情感回應和分類，爸爸幫助兒子了解自己並冷靜下來。不斷重覆這樣的互動方式，我們內心就會養成信念及聲音，陪伴我們走過一生。班恩學到可以允許自己有情緒，身旁的人會支持他，有人愛他且珍惜他。

然而不是所有的父母都有班恩爸爸這樣的能力。同樣的情況，安東爸爸的反應截然不同。「不要哭。」爸爸藉此告訴兩歲的安東，他不喜歡他的情緒。想當然，安東無法停止哭泣而且哭得更厲害，爸爸把電視的音量調得更大聲。他不理會自己的孩子，原因有很多：或許他在童年時就學會壓抑自己的感受，因為沒有受到父母的關注或是受到懲罰。另一種可能是，孩子難過了他不知道如何應對，不知道怎麼安慰。還有，他也在自己的難過或其他不舒服的感受中掙扎，種種情緒壓在身上，因此沒有辦法耐心地面對兒子。

父母無法感同身受子女的情緒並陪伴他們，許多原因往往可追溯至他們自己的童年，因為他們自己從未體驗過情緒抒發和被安慰的滋味。

童年時缺乏這種經驗會導致我們無法充分地理解自己和他人。因為我們毫無經驗，往往長期對情緒抱持著恐懼，在處理情緒時會感到自己的軟弱。如果我們的父母經常以不當的方式處理我們的感受，我們就會學會忽略和壓抑這些感受，或是我們會在一個接一個的突發情緒中跌跌撞撞，因為我們完全沒有受過分類感受的訓練，也不知道如何讓自己冷靜下來。

當父母一再讓孩子獨自面對情緒，會造成他們許多的小傷害，因為他們認為情緒是不重要且錯誤的。這類早期創傷可能帶來自我懷疑、自我貶低及害怕承諾等後果，「我不重要且不值得被珍惜」，或是「我無法相信任何人，我只能靠自己」的想法往往會深植在孩子的心裡。

這種信念烙印在接下來的人生裡，控制我們的感受和行為，甚至連自己都不自覺。

還記得那個不懂得設立界線，把別人的需求擺第一的伊麗絲？「我就是沒有辦法說不！」她深信，只有為別人付出，人們才會看重且珍惜她。

「妳是在什麼時候、什麼地方以及什麼人教妳拒絕他人很危險呢？」我這麼問她，是為了和她一起找出這個不理性假設的由來。

「在我們家幾乎不可能說不，」她說：「當父母做出要求時，我們必須使命必達。」孩子根本沒有機會違抗命令，因為媽媽會發飆，爸爸會轉身離開。因此伊麗絲很早就學會不反抗並去符合別人的期望，因為她怕父母暴怒和別人的漠視。小的時候就養成這種信念，直到現在她幾乎不可能設立健康的界線。「如果妳說不的話，一切都會完蛋，而且大家會離妳而去。」她還說：「設立界線很危險，只有我替別人付出，他們才會看重我。」

雖然伊麗絲可以清楚地將第一句歸咎於父母，但第二句就像是她所學到的教訓，或是兒時的生存策略，讓她至少能獲得一點掌控感。

我們每個人都曾有過伊麗絲的經歷。父母深刻且長久地影響我們，因為他們的訊息會深植在我們心裡，直到某個時候，我們幾乎分不清聽到的是父母的還是自己的聲音。因此我們往往對於自己的信念深信不疑，消極的信念甚至是我們個人的「另類事實」。我們有時候會創造出完全瘋狂的「如果……那麼……」條件（「如果我設定界線，那麼我就不被愛，就會被拋棄。」或是「如果我表現得好並取得許多成就，那麼我就會被愛。」），這些條件對我們來說是正確且真實的，因為我們已經很熟悉，而且和它們共生了許久。因此，我們長大成人了仍然遵循著兒時的生存策略，一個不合理且漏洞百出的假設條件。然而現在這條件已經變得毫無意義，對我們來說已經不健康，甚至危險。就像伊麗絲，她到現在仍然會逼迫自己，因為她從小就學會了這種行為，才不會傷害與父母的關係。

要如何打破這個循環？我們要如何改變這個過時、消極且錯誤的廣播節目，拋下不健康的信念？

只要持續不斷地練習，就有可能擺脫舊有、具破壞性的信念：首先要辨別這些信念，檢視它們的真實或現實內容，評估它們的危險性，然後用積極的信念取而代之。這些步驟很重要，因為這也是脫離父母的一環，認清內化在我們心裡的父母意見，並在必要時改變它。

信念的練習

認清負面信念

寫下讓你心情低落、氣餒、讓你覺得無力和渺小或限制你的負面信念：你是不是覺得自己不夠好？覺得自己不重要或不值得被愛？認為自己必須要做到完美？自己不該設立界線？

信念從何而來

想想誰（可能）曾經告訴你這些話。我們的信念大多出自重要關係人之口。我們遵循的消極信念並非全都是童年時期由父母明確說出，但通常是根基於父母沒有說出口的期望，即使這些信念不適合我們或對我們沒有好處，我們還是會不自覺地堅持至今。為了成為成熟大人，我們必須認清內化在我們心裡的父母聲音是不屬於真實自我的外來物體。

如果我們意識到某句話，像是「我不能設定界線」其實是來自母親的訊息，因為她無法接受我們變得更獨立，我們可以改寫這句話：「我母親認為我不應該設定界線。」一個原本無意識且影響深遠的信念，現在成了一句關於母親的陳述，我們就可以和這句話保持距離。

認清現實：

對每個信念做全面的查核，例如：「我一定要表現得很完美。」

現實：「沒有人是完美的，完美是不可能的。」

或是：「我不能設立界線。」

現實：「界線很重要且健康，沒有界線的人等於放棄自己；沒有界線就無法自我保護，每個人和每段關係都需要界線。」

透過這種非常有意識的辨析，你一定會體會到，在稍微保持距離的情況下，消極信念是多麼荒謬且站不住腳。

影響：

現在請寫下每個信念對你的生活有何影響：是否影響你的自我價值？是否奪走你的勇氣和希望？是否阻擋你接近別人甚至建立關係？是否妨礙你建立自信或追尋夢想？是否讓你失去彈性，甚至失去生活的樂趣？

這個初步的認清現實以及對負面影響的盤點，對於進入接下來的情感階段非常重要。

因為這些不正確的信念已經默默地從小陪伴我們長大，想要永久解除它的影響力，光靠辨識還不夠。我們還需要一個特別且有效的解方才能改變內心的教條和獨白：我們需要嶄新的信念。

改變舊有的信念

用積極的信念反轉每一個消極的信念：例如，「我不夠好」改成「我這樣也很好」或是「即使犯錯也會有人愛我」；還有，把「我不想讓別人失望，所以我不可以拒絕別人」變成「我可以設定自己的底線，擁有健康且平衡的關係，在關係裡，我和我的界線都會受到尊重」。

如果你感到有點抗拒或不能輕易相信新的信念，請找到具體的情況來證明它是正確的，例如「我可以在朋友面前做自己」，或「即使我犯錯了，孩子們仍然會愛我」。

請輕聲或大聲覆誦幾遍這些新的且正向的信念，你會發現自己變得有力量，心情也變好了。觀察你的身體對句子的反應——肩膀是不是放鬆了，腹部可能感到一股溫暖，或許呼吸變得更順暢且沉穩，或許你坐著站著都更挺了，身體某處的緊繃感也跟著釋放了。

花點時間，有意識地努力改寫你內心舊有的腳本。認真檢視每個有害的信念，因為它塑造了我們的看法、情緒和行為。我們與堅信的某種信念共存時間越長，改變起來就越加困難：透過持之以恆且規律的練習，我們學過的一切可以被忘記。

最好能從現在生活中阻礙你的不利信念開始著手，每天早晚花兩分鐘思考新的信念。你可以採取自己感到自在的姿勢，一邊深呼吸一邊覆誦這個信念。鍛鍊信念會影響我們的整個生活，它會帶來更多的正念、更有意識的想法、感覺和行動，能提升自我價值感，讓我們的人際關係互動更加順暢。

每一次信念的翻轉都是朝正確方向更前一步。透過每次不同且積極的練習，你就糾正了以前那些痛苦且挫敗的經驗，並成為你一直以來最想要的，充滿愛心和無條件支持自己的父母。

提升自我價值感

鍛鍊信念也往往會影響我們的自我價值感，因為許多消極信念是：「我不值得被愛。」為了不讓自己感到沒有價值，我們不是用工作、消費或物質成癮來麻痺自己，就是盡可能表現得討人喜歡，以獲得外界的認同或讚賞。自我價值感低落的人經常感到自己活在壓力之中，他們不斷想爭取成就，同時又害怕被忽視。

我們的自我價值感是小時候和父母一起生活時培養出來的：當父母接納並愛孩子原本的模樣，孩子也學會了接納並且愛自己。

沒有受到父母百分之百重視的孩子，難道現在就沒有機會提升自己的價值感嗎？當然不是，成年後一樣可以。家庭治療師薩提爾認為每個人心裡都有一個「自我罈子」，有些人的罈子是滿的，有些人的已經見底，需要馬上補充。

要怎麼做呢？怎麼做才能填足自我價值？首先觀察我們的自我對話，然後一點一點地改變它。有些人在開始觀察自己的對話時就感到吃驚，「你這隻肥豬，不要再整天吃個不停了」，伊麗絲在我們晤談的一開始就引述了一段她內心的典型對話，「這就是妳不自律又懶惰的下場」，她每天早上站上體重器時就在心裡責備自己。不幸的是，我們總是對自己很嚴苛。幾乎每個人心裡都有一個批評家：一個負面的內在聲音，專門找我們的缺點並且毫不留情面。有些人很容易將內心的批評歸咎於父母，有些人的內心批評者已經獨立出來，對自己十分尖銳無情，以至於父母以前的批評反而顯得微不足道。

無論你內心的批評者有時聽起來多麼有說服力，他們都是不理智且傷人的。因此需要一股能抗衡的力量，一個積極、肯定自我的聲音來反駁他們。那個內在的聲音會愛護我們、欣賞我們，在需要時讚揚我們並安慰我們，就像一對好父母那樣。

美國心理學家約翰．高特曼（John Gottman）發現，幸福的伴侶關係取決於良好的溝通，因此制定了一套五比一法則：一次負面互動之後，應該有五次正面互動，也就是一次批評應該用五次讚美、肯定、關注和溫柔來平衡。不幸的是，在夥伴關係中可能奏效的方法，用在處理我們自己時卻常常出錯，而且我們內心的負面互動越多，自我價值感就越低落。

為了更看重且更愛自己，你可以回答下列幾個問題：

我喜歡自己什麼？
別人喜歡我什麼？
我今天哪件事做得很好？
我最近一次被稱讚是為了什麼事？
我一天稱讚自己幾次？
到目前為止我克服了哪些生命中的挑戰，我是怎麼辦到的？
我擅長做什麼？
我能在哪些方面比別人做得更好？
我希望在別人身上看到哪些跟我一樣的特質？
是什麼讓我成為一個好人？
我的一生中有什麼值得驕傲的事？
我達成了哪些自己設定的人生目標，我怎麼做到的？

這些看似簡單的問題卻會讓某些人絞盡腦汁。他們的美好特質和能力讓他們感到羞愧，而不是開心和自豪，彷彿稱讚自己或善待自己是不對的。對那些被父母忽略和貶低的孩子來說，認識及說出自己的優點很奇怪，因此他們會感到不自在。但是，正因為父母沒有填滿我們的「自我罈子」，我們必須自己去填滿。

我們應該每天稱讚自己，每晚回想今天做得很棒的事，總是以欣賞和鼓勵的態度跟自己說話。然後，過一段時間後，神奇的事發生了：經常填補我價值的人將會變得不再那麼依賴外界的認可。

請不要誤解：人不是一座孤島，我們都需要其他人，需要和社會互動和被認同；但我們越能欣賞自己，就越能接受別人的欣賞。如此一來，我們的自我價值感從內到外都充滿了，我們越能接受正面的訊息，也就會越看重自己。

當我們以（更多的）愛來對待自己時，我們會自動形成一個新的、更健康的自我形象：我們夠好、我們很可愛、我們可以犯錯。我們接納自己的樣子，珍惜自己且尊重自己的能力、弱點和局限性。

換句話說：我們開始愛自己，就像好媽媽和好爸爸一樣愛著我們。

養育自己——認識並照顧你的內在小孩

「我想當孩子的好媽媽、好爸爸，不要讓我的人生問題給他們帶來負擔」——當我問個案為什麼要開始心理治療時，常常會聽到這樣的說法。但是，做孩子的好父母、了解他們、同理他們，並幫助他們培養健全的自我價值，在這之前我們必須先當**自己**的好爸媽。

除了基本的照顧自己需求、改變舊有的信念和提升內在的自我價值感，養育自己的另一個重要能力是安撫自己。

我這裡指的是一種非常特別的安撫方式，指的是照顧我們的內在小孩，他有時會掌控我們，甚至一直影響我們的感覺和行為：假裝自主且自大的小孩，認為自己什麼事都可以獨立完成；過分忠誠的小孩，對父母有強烈的歉疚感；處於反抗期或青春期的叛逆小孩；被壓抑或被溺愛的小孩，他們習得無助感而不是發揮自我；被父母化、不堪負荷的小孩，他們曾經承擔起照顧父母的責任；不被愛的小孩，無法肯定自己的價值；被遺棄和忽略而充滿恐懼的小孩；還有經歷過依附創傷，情感疏離、看似冷酷的小孩。

每個人的內心都潛藏著無人關心、受傷的部分，能夠好好認清這個部分並安撫它，我們的人生就會輕鬆許多。

四十二歲的卡斯登在幾週前得知女友懷孕了，從那時起，他被巨大的恐懼所折磨。「我不相信我居然有小孩了，」他在晤談時絕望地說，「我怕我搞砸一切。」雖然他愛女友，但他突然有逃跑和分手的衝動，他無法入睡，整個人疲憊不堪且緊繃，越來越害怕失敗。

「哪些原因讓你害怕有孩子？」這麼問是為了讓他自己說出內在各種想法和矛盾。

卡斯登思考了一下之後回答：「我不知道怎麼當個好爸爸。」

於是我跟他說：「跟我說說你爸爸的事。」卡斯登談到他的父親時，表情變得嚴肅起來：他的父親對待他是多麼粗暴，多麼刻薄，他們之間的關係一直都很冷淡。他回想起：「我父親經常羞辱我。」小時候的一次郊遊中，父親不顧他抗拒讓他騎上一匹小馬，結果他害怕地尿濕了褲子。「一開始他嘲笑我，接著破口大罵，直到現在還喜歡在眾人面前提起我八歲尿褲子的事。」

「八歲時的你需要什麼？」我問卡斯登，想藉由這個問題進入養育自己的場景。我請卡斯登閉上眼睛仔細回想當時的情況，彷彿他現在就在事情發生的時候。

「八歲的卡斯登看起來非常恐懼，」卡斯登說：「他看起來無比脆弱，他在發抖、哭泣，當爸爸抱起他時他想掙扎，但他已經嚇得沒有辦法反應。」

我一字一句覆述卡斯登的觀察。現在有兩個能同理當時情況的目擊證人，他們準備好理解八歲的卡斯登和他的感受。卡斯登仔細聽著我的話並點頭：「在馬背上的卡斯登完全不知所措，不一會兒他就尿褲子了，接著丟臉和內疚的感覺籠罩著他。」

我再次詢問卡斯登，要怎麼做才能讓八歲的他重拾安全感和幸福感。

他回答：「他需要大人的協助。」

「現在只有你能當這個願意幫助他的大人，你有機會幫助那個年幼的卡斯登，同理他的感受，安慰並安撫他。」

卡斯登點頭，他閉著眼睛伸出雙手，「首先我把他從馬背上抱下來，然後把他抱在懷裡安撫。」卡斯登的呼吸變得更平靜、更深沉，原本緊繃的五官也放鬆了，他說：「現在好多了。」

我問他：「他現在怎麼樣了？」

「他還是在哭，但漸漸地沒那麼緊繃，放鬆下來了，也離開馬背了。」我請卡斯登再等一下，把八歲的他繼續抱在懷裡，直到他完全安靜下來。卡斯登閉著眼睛，身體往後靠向椅背，過了一會兒他說：「他現在坐在我身旁，握著我的手，他想再看一次那匹小馬，他現在不怕了，反而好奇小馬的樣子。」

卡斯登說著他養育自己的療癒效果：內在小孩現在已經恢復平靜，克服了恐懼，成年的卡斯登細心地安撫了他，讓他重新感到安心，開始好奇周遭的環境。這個改變也對四十二歲的卡斯登產生正面的影響，因為，隨著每次安撫我們的內在小孩，我們的整個人生也會朝向正面發展。

「你現在覺得如何？」當他再次張開眼睛時我問他。

他回答：「好累，很平靜，很自在。」

「你安撫了八歲的自己，並讓他再次相信自己，」我做了一個總結，停頓了一會兒又說：

「就像是一個好爸爸。」這就像是一顆剛播下的寶貴種子。卡斯登理解了他有能力用愛照顧自己，這是成為好父母的必備條件之一。

練習這種自我安撫方式的人會獲得修正和療癒的體驗，這些體驗有力量能重寫舊有的創傷經驗，讓內在小孩獲得關懷，形成更穩定的心理基礎。換句話說：我們越能讓內在小孩平靜下來，我們自己也會跟著平靜。每一次與內在小孩的相遇，我們成熟大人的部分都會扮演慈愛的父母角色，確保我們稍稍拋開痛苦的過去並能進一步成長。

如果你也想學習照顧內心的小孩，就該留意自己變成小孩子的時刻。我們都有過被情緒沖昏頭的時刻，被盲目的憤怒或純粹的絕望、深深的失望或悲傷所困擾。過沒多久或經過很長一段時間後，我們才清醒過來，驚訝、沮喪或震驚地回顧自己強烈的感受和反應。當我們被某些事觸發回到童年時，就會像被海浪捲走一樣，發生時像閃電一般，我們站都站不穩，失去方向，被情緒淹沒，並純粹地以本能採取行動，不幸的是，這往往會造成強大的破壞。因為我們的內在小孩沒有成人的視野，所以他們會倒回與父母相處的早期經驗，採取現在已不再適用的童年生存策略。為了從這個情緒漩渦中脫身，我們大人必須比以往更有意識地與內在小孩相遇。

我陪伴許多個案重新養育他們的內在小孩，他們意識自己的內在小孩長久以來非常孤獨，需要一段時間才能獲得他的信任，並允許成人接近他們。因此有時需要一些耐心。花點時間了解你的內在小孩。很有可能你在某天遇見一個無助、拚命哭泣的嬰兒，某天是一個反抗的三歲孩子，或是自我被壓抑的十七歲青少年。你內心的每個孩子都有渴望和需求，而你要做的就是找出這些欲望和需求，並且更接近你童心的部分。

儘量在各個層面關注你內心的孩子：仔細觀察他、同理他、主動握住他的手，或讓他坐在你的腿上。他或許想要你撫摸他的頭髮，或者只想安靜地坐在你身邊，任何需求都可以，無關對錯。

也許你會感受到，透過與內在小孩的連結，心跳和呼吸變得平靜，內在平靜與安詳或舒適的感覺在你的內心蔓延。或許，當你擁抱他時，也會感受他的溫暖，而他也會感受到你的。

跟他說說話，安撫他，並告訴他所有你認為他需要聽到且能夠支持他的話。

花多一點時間和他相處，直到你感受到他已經被照顧得很好。接著，你要答應從現在起會定期探望他，確認他過得很好。

有可能你的內在小孩已經熱切地等著你，也有可能你無法馬上和他搭上線，因為他十分恐懼，你無法在一時半刻裡安撫他；或者，你對於該怎麼滿足和照顧內在小孩感到茫然。如果我的個案遇到這種情況，我會建議他們想像一個人、一隻動物或某個人物一起和他探索他們的內在小孩。

二十四歲的瑪雅說：「我希望哈利波特裡的鄧不利多教授能和我一起。」她的母親遭受嚴重創傷並獨自扶養她長大，瑪雅因為她沒有辦法拯救母親而一直感到內疚。

但是沒有一個孩子能拯救飽受創傷的母親，更何況有不少子女在父母身上經歷依附創傷，因為他們覺得彼此的關係並不穩定。在這種情況下，一開始抗拒成為自己的母親或父親甚至是個好現象：瑪雅意識到她需要更多的支持，這是她在孩童時就不得不逃避的念頭，否則現實中孤獨的痛苦實在難以承受。

「妳和妳的內在小孩需要哪些鄧不利多教授的技能呢？」我問瑪雅。

「他聰明又善良又會魔法，」瑪雅笑著說：「我以前經常希望他能像爸爸一樣保護我並幫助媽媽；此外，他自己也有一個不幸的童年，這樣他就更能體會我的感受。」

在我看來，鄧不利多似乎是與瑪雅受傷的內在小孩見面的不二人選：她信任他，而他比她更堅強，更有智慧，所以她可以依靠他，這是小瑪雅一直渴望的。

童話角色、野生動物和寵物、已故的親人、小說和電影的主角經常出現在我的診間，每個想像都來自準備好和自己內在小孩見面的大人。然後，內在小孩期待已久的事情發生了：他們被看見了、被聽見了，他們的所有感受被接納了；他們可以軟弱、無助、憤怒、無力、不知所措和不安，甚至是不理不睬和提出要求；他們獲得一直渴望的東西——他們得到認可，有人回應他們的需求。

請你保持耐心，珍惜前進的每一小步。當你感到無法負荷這樣的練習，請尋求專業治療的協助。對許多人來說，在受保護的治療環境中，在專業合作的支持下，比獨自一人更容易面對自己的內在小孩。事實上，這種情感自我照顧的方式通常能在心理治療的支援下學會，而它的成功往往意味著治療來到了最後階段。無論如何，照顧內在小孩無法一步到位，必需經由一連串的練習，直到與他們建立持久的聯繫，讓他們相信可以信賴大人。

只要我們有意識地關懷我們的內在孩子，我們就在練習安撫自己。在邁向獨立的過程中，自我安撫是一項重要技能，因為它能堅強我們的行動力和連結能力。在情感上我們會更加獨立，避免我們陷入和父母以及在許多關係中的失望和衝突之中，因為我們不會繼續絕望地尋找救世主，而是竭盡所能地學會照顧自己。

美國知名作家伊麗莎白・斯特勞特（Elizabeth Strout）的小說女主角露西・巴頓（Lucy Barton），在《不良品》和《哦，威廉！》中貼切地描述內在療癒和發展的過程：「媽咪！我對著自己多年來編造出來的母親大喊，媽咪，我好痛！而我多年來編造的媽媽說：我知道，寶貝，我知道。」與她在現實中冷酷、有時暴力的母親相比，露西在內心創造的母親善解人意，充滿愛心。在自己身上找到那個慈愛的媽媽或爸爸的聲音，這是我們每個人的功課。

不幸的是，現實中再多的努力也無法改變我們的過去，改寫悲慘的童年更是不可能。但是，如今我們可以做很多事把日子過好。我們可以開始好好照顧自己，當自己一直想要的父母；我們可以用心對待自己，也可以覺察和調整不喜歡的、分裂的或受傷害的自己和感受。如果我們成功做到這一點，就能幫助我們的內在小孩最終突破關鍵的、先前受阻的發展階段。一旦克服每個發展階段之後，生活會變得更加輕鬆，因為我們變得更成熟，態度和溝通也變得更清晰，有能力解決內在和外在的衝突。成年後做自己的父母會帶來內在的平靜和自在，然後漸漸就會像榮格曾經說過的：「我所經歷的悲喜不能定義我，只有我能決定自己要成為什麼樣的人。」

承擔責任——成為成熟大人的關鍵

「不要長大，這是一個陷阱。」成長過程往往伴隨著乏味的想像，甚至奪去你的笑容。我們經常被警告，長大就是要面對生活的嚴苛，不能再隨心所欲，而且生活也不是遊樂園。但是，長大真的代表必須咬牙忍耐、努力工作跟不斷振作嗎？

答案會讓你鬆一口氣：因為要看我們自己如何定義**長大**。

你怎麼看待長大這件事由你自己決定。

當我們成年時，我們就有了法律上的權利，而更多的權利與自由是相輔相成的，但同時也要承擔更多的責任。現在完全取決於我們如何規畫自己的生活：要抓住機會還是招來厄運，要向別人求助還是獨自頑強地戰鬥，要關愛自己、關心他人，還是陷入權力鬥爭，我們心目中的優先順序有沒有對錯——無論如何，我們親手創造了生活中的幸福和痛苦。

這種觀點是不是太短淺了，基因和早期影響在我們的生活中沒有發揮一丁點作用嗎？我們不是天生就有一些問題，而且經由童年經驗已經定型了嗎？當然，因為我們的父母不僅主導了我們的基因，也影響了我們學習的態度和行為模式。舉例來說：成癮性疾病具有遺傳傾向[6]，而且在成癮父母身邊長大的孩子，自己成癮的風險也會增加。但是我們今天喝酒或吸毒的責任完全在於我們自己。雖然父母、基因和童年經驗造就了我們，但它們無法主導我們的整個人生。

要克服像是成癮疾病或其他根深柢固的慣性並不容易，但一個人如果認命於所謂的預設命運，就選擇了否認和放棄自己大部分的行動能力。

因為，沒有承擔責任就無法改變人生。只要我們認為自己是父母、過去或現在外在環境的受害者，我們就會停滯不前。美國心理治療師琳賽・吉普森（Lindsay C. Gibson）把這樣的人稱作「推卸者」，他們把自己的不幸歸咎於外在。他們相信感覺無法被控制，期待別人的幫助或別人會改變，他們仍待在孩子的角色裡無法自拔，拒絕為自己的人生負責。

以阿納為例，他不斷抱怨他的太太，說她就像他的母親，她限制了他，讓他覺得自己像個小男孩。每當他開始抱怨起太太，我就問他：「到底是誰選了你身邊的這個女人？」如果他避而不答並繼續抱怨，我接著會問：「為什麼你認為太太的行為是攻擊，而不是感受到她的愛與關懷？」或者，「要做什麼才能擺脫這種連續幾天感到委屈、生氣、爭吵的不愉快循環？」

我試圖透過每個問題把焦點轉回他的身上。因為，他自己選擇了太太，卻認為她的行為是針對他。他堅信自己是受害者和無辜的孩子，這麼做讓他無法像大人一樣為自己的需求發聲並傳達給太太。所以，他既無法改善與妻子的關係，也無法與她分開。

「她們都對我要求很多，我媽媽跟我太太根本同一個模子刻出來的！」阿納指責我，直到他意識到他遲早會在每個女人身上看到他母親的影子，然後他躲避在受害者的角色中，看起來軟弱到無法負起責任。

除了受害者以外，還有其他推卸責任的說法：「我不能」，這是許多人會掛在嘴上的，其

6 包括其他的心理疾病。

實他們想說的是：「我不要。」

「我無法和我先生睡一起。」勞拉說，她和先生一起找我做伴侶治療。

「妳**不想**和妳先生睡一起。」在多次觀察到她拒絕她先生並抵制他的每一次親近後，我糾正了她的說法。

「我沒有辦法。」她再次強調，拚命想扮演受害者的角色。但對於那些長期躲在這種保護姿勢中的人來說，這就成了常態。最後，我們越來越難找回健康、自主的態度，就跟身體疼痛一樣，我們會因為害怕疼痛而彎下腰或不再做某些動作。

「要怎麼做妳才想和先生繼續睡在一起呢？」我這樣問的目的是要表明，不能做某件事情並不代表不能改變或學習它。事實證明，勞拉並沒有原諒她的丈夫，因為她在流產後感覺被他拋棄了。只有覺察到最初的傷害和後來的逃避接觸之間的連結，他們兩個人才能去談論這件事：他們如何以不同方式哀悼失去的孩子，以及他們兩人在一起怎麼變得越來越寂寞。

勞拉準備好面對「我不能」的態度時，這段動彈不得且讓人沮喪的關係才會開始轉動。他們才能拉近彼此的距離，再次建立信任感，並把從前的怨懟拋在腦後。

要過上充實的生活，關鍵在於放棄「我不能」的態度，轉而找出我們為什麼不想做某事的原因。因為「我不想」是一種我們可以為之負責的態度。如此一來，我們不再是事件的受害者，而是成為生活中的行動者，積極、自主地塑造我們的關係。

另一種逃避責任的方法是接受父母僵化的命令，這些命令通常以「我應該」或「我不應該」的方式來表達。除了「贊成什麼，反對什麼？」的問題以外，同樣重要的是要認清：我們該聽或是不該聽**誰**的意見？

「我應該要做原本安穩的工作或是自己出來創業呢？」三十四歲的阿妮莎在頭一次晤談時問我這個問題。幾個月前，由於過度疲勞和壓力，她晚上從辦公室回家的路上發生了嚴重的車禍。「當我撞向那棵樹時，我想：如果是這樣的話，我終於可以好好休息了。」她邊哭邊跟我描述那天的情況，她意識到有一部分的自己寧願死也不願意繼續這種疲憊不堪的生活。

我請阿妮莎在一張大紙上畫出兩個她的未來：左邊是她維持現在安穩的工作，右邊是她自己創業。幾分鐘後，她展示了她的成品：代表維持現狀的左邊，她用黑色色筆畫了一條街、一輛汽車、一顆樹，天上的烏雲降下了雨滴；代表創業的右邊是一幅色彩繽紛的風景，陽光普照、花朵盛開，一個人騎著腳踏車，伸展著雙臂。

「如果我繼續留在這個工作，我的人生是黑白的，一成不變，我也快樂不起來；如果自己創業，我內心的感覺五味雜陳，害怕、不安，但很喜悅，我開始重新生活，再次感受到周圍的環境，生活變得多彩多姿。

「過了五年、十年和四十年之後，回顧這兩種生活版本時，妳會更喜歡哪一種？為什麼？」我問她。

她嘆了口氣，然後笑了。「被妳這麼一問，答案突然就跑出來了：回顧時，我希望看到快樂且彩色的人生。如果創業行不通的話，我也可以重回員工的身分，但是現在的工作我不能也不想長久做下去了。」不過還有一個難關要克服：「我父母。他們認為辭去穩定的工作很不負責任，跳去創業在他們看來根本是瘋了，做現在的工作，未來才有保障。」阿妮莎對女兒的人生有極大的影響力，他們相信自己知道什麼對女兒最好，到目前為止阿妮莎都無條件地遵從他們的建議。但是，如果父母的想法和計畫不再適合我們呢？如果他們的期望對我們造成壓力呢？

堅持父母不合宜的命令意味著無法完全脫離父母。因為如果一個人盲目地遵循父母設定的路線，即使沒有任何意義或樂趣，他也會離自己的本心越來越遠。擺脫不適合自己或對自己造成壓力的父母之命，才能成為成熟大人。

「其實我知道自己想要什麼，」阿妮莎說：「我也知道我必須做什麼，但我不敢告訴父母。」她已經習慣順從父母，因為她無法忍受衝突，而且害怕自己禁不起父母的反對。「我父母很有說服力，」她說：「只要他們花一點時間說服我，我就會感到自己的不足，然後接受他們是對的，他們真的懂得比我多。」

「妳再看一次這兩幅畫，」我想讓她把焦點從父母那裡轉回自己身上，「妳想要過著父母幫妳選擇的黑白人生，或者是妳自己勾勒的彩色人生？」

阿妮莎哭了起來。「好難，」她說，「我不想讓他們失望，不想讓他們擔心。」

那些無法完全獨立的人，往往很難辜負父母的期望。但我總是一再地強調：我們不是為了達成父母的命令才來到這個世上，尤其是當他們讓我們不快樂的話。因為得過且過的人不只會變得非常不快樂，還會生病：我們的心理之所以會生病，主要是因為我們總是忽略自己的需要和感受，將他人的快樂看得比自己的還重要。

阿妮莎還需要一段時間才能鼓起勇氣，違背父母的期望去追求自己的事業，但總有一天她會明白自己必須決定自己的未來。最終，她與友好的同事一起創立了自己的公司，儘管創業階段壓力重重，但她重新燃起了對生活的熱情和對工作的熱忱。她的客戶緩慢且穩定地成長，她的生存恐懼降低了，而她的自信增加了。「我又再次喜歡我的生活了，」她在治療的後期對我說：「現在的一切感覺都在軌道上，自從車禍以後，我彷彿變成另一個人，變得更自在、更快樂。」

拋開孩子的角色，為自己的人生負責，這是一種解放，賦予我們力量，有時甚至會改變我們的人生。

因此，成為成熟大人突然間顯得有了一種嶄新、更值得追求的意義：我們擺脫過去的角色、舊的訊息和規定，主宰自己的生活。當我們意識到個人責任的時候，踏出的每一步都會更接近自己。我們能成為自己，成為自己想要的人——我們成就了自己。

離開被害者國度

「我今年五十八歲，我爸爸卻還是一直給我壓力。」斯凡在第一次晤談時這樣告訴我。他在父親的公司上班，經過許多掙扎後，父親終於在八十三歲時因為中風從公司退休。

「我爸爸只會一直批評我，」他回憶著說，「中學畢業後，我不敢上大學，而是直接進入父親的公司，卻每天被他羞辱。」他想向父親證明自己的能力，於是他沒有找其他的工作，而是待在父親的公司。「妳相信嗎，我**從沒**聽他說過一句好話，他只會說我犯了什麼錯。」

「你一定很難受。」我說。

「根本無法忍受。」

我接著反駁：「看起來不是這樣，因為你沒有離開，你忍下來了。」

他沉默地看了我一會兒。「對，我忍下來了。因為我爸爸這樣高壓地對待我，至今我不知道自己是誰、我到底想要什麼。雖然我試過反抗他，但根本沒用。我覺得好難過，覺得自己什麼都不是，我只是成為我父親想要的人，除此之外一無是處。」

就像許多無法脫離父母的孩子一樣，斯凡始終以受害者角度來描述他的人生故事。特別的是，他將自己形容為被父親貶低的產物，因此讓自己陷入消極的恍惚狀態，緊抓著自己的軟弱和自卑感不放。基本上，他今天對待自己的方式和父親的一樣：讓自己當個孩子，不願意長大。

已故德國總理柯爾的兒子沃爾特・柯爾（Walter Kohl）在自傳裡描述，要擺脫「柯爾的兒子」的身分、離開權高位重父親的陰影有多麼困難。編輯認為他書裡的最後一個章節太混亂想要刪除，但沃爾特堅持要公開。那是那本書的核心，也是關鍵的一章，沃爾特在這一章中首次以成熟大人的姿態反思自己在人生中的角色。他創造了「受害者國度」這個名詞，並描述了他自己如何在這個國度裡安逸地活了幾十年，以及他最後是如何離開。

根據沃爾特的說法，受害者國度是「一種自我放棄的內在狀態……，一個充滿衝突和屈服、依賴、無力和苦力的地方」，說得更明確一點，「在這些負面的字前面應該要加上「感覺到」，因為受害者國度只存在於我們的內心裡……。在絕望、痛苦、孤寂的時刻，受害者國度似乎是唯一無條件開放的避難所，但這是騙人的。」他警告說，「受害者國度把進入裡面的每個人都關起來，所以出去反而比進入更難。」因為裡面的人不想負責，他們放棄了自己的人生，「在裡面陷得越深，意志力就會越薄弱。」

從受害者角度來看人生的人，他視整個人生是「一種由過去悲慘經驗和對未來無望組成的惡性循環，之所以會出現這樣的念頭，是因為他感受不到當下的可能和美好，他所掌握到的機會也一樣渺茫。」

於是，對住在受害者國度裡的人來說，這裡最終會成為地獄——一個看似可以放棄責任的理想舒適地，實際上卻是一個他們對人生不再有任何發言權的監獄。許多無法獨立的子女就住在受害者國度裡，童年的枷鎖糾纏束縛著他們，儘管他們可以選擇擺脫。

老話一句：每個人都擁有通往自由的鑰匙，每個人都可以決定離開受害者國度，擺脫受害者角色，只要我們開始扛起自己人生的責任，停止把目光放在不公平的過去，放棄追問「為什麼」，專注於未來；同時，我們下定決心不再緊抓著父母的期待和願望。還有，就算父母對不起我們或虧欠我們，也要停止在內心和他們永無止盡地戰爭以及放逐自我。因為只要我們把自己一塌糊塗的人生歸咎給父母，我們就給了他們太多權力，而自己仍然是受害國度裡長不大的公民。

我問斯凡：「現在要怎麼做才能讓你擺脫當一個過去的受害者和父母的受害者？」我們每個人都必須找出這個問題的答案。我們必須找到向過去說再見的工具和方法，這樣它就不會像一堵牆一樣，繼續橫亙在我們與生活中間。

當斯凡開始扛起責任，離開受害者國度時，他已年近六十。他經歷了悲傷的低谷，因為他覺得不只是他父親，他自己也親手阻擋了自由而充實的生活。他經歷了憤怒和絕望，一開始先責怪父親，後來是責怪自己。然後某一天，他打開了關住自己的牢房，跨出了受害者國度的邊界：他決定去度一個長假，這是他整個職業生涯中從未允許過自己做的事情，為了向他父親證明他是被需要的。他去了澳洲五個星期，當他回家時，他驚訝且開心地發現：「一切如常，但他變得不一樣了！」他替自己感到驕傲，「敢做如此瘋狂的事」而且不必在乎別人怎麼想。「我知會了我父親，但不是請求他的同意，我甚至連他的反對聲音都沒聽進去。」斯凡獨自做了決定，不需要再獲得父親的同意，這就是一個成熟且獨立大人會做的事。因為當我們為自己的決定負起全責的那一刻，我們就能輕而易舉遠離父母的不認同——它們不會再影響我們分毫。「我明白父親並不了解我，他不能稱讚我，我真的也有年紀了，可以按照自己的心意生活了。」

斯凡終於做好脫離父母的準備，現在他已離開受害者國度，準備好過精采的人生。他闔上銀書，開始撰寫金書。這個進步就像開啟了一個新的開始，一段新的人生。我們的想法和感受改變了，原本的抱怨變成懊悔，最後終於接受過去，接下來我們會下定決心，從現在開始為自己的生活做出更好、更適合的決定。

在這個階段，我們的目光不再聚焦在父母而是在自己身上，視野變得更加清晰也更能分辨：我們看到錯失的機會以及因此產生的失望，感到受到委屈以及它帶來的傷害，但也可能會出現一種歸屬感增強我們的認同，甚至增強了對父母的愛，無論這種愛是多麼難以言喻。

進展到這一步，新的問題也會跟著出現：

一路以來，父母給了我什麼寶貴的東西？我要感謝他們什麼？

我在他們身上學到什麼？

我想接受哪些父母傳承給我的東西？哪些我想要放棄？

我和父母之間還有哪些事情理不清，哪些事情會激怒我們雙方？

現在我仍舊在傷害父母嗎？儘管他們或許早就不一樣了，但我不想了解他們，不想原諒他們，他們就是不變的加害者。

我需要在哪些方面為自己的人生承擔（更多）責任？

所有這些問題都改變了我們的觀點，從受害者變成了行動者，過去的不公不義成為今天改變做事方式的契機。因為這些艱難的經驗，我們發展了技能和特質，幫助我們在當今的世界中找到出路。

準備好離開受害者國度的人，同時也準備好要擺脫過去、開創當下和未來。擺脫過去並不是否認過去，恰恰相反，是認清過去發生的一切：欣賞美好的曾經，哀悼痛苦的往事；這也意味著，擺脫過去是要撫平我們的傷口，讓我們可以更輕鬆地專注於現在，專注於眼前的未來，專注於我們感恩的事，專注於值得為之而活的事。

寶貴人生中的金書

「告訴我，你打算如何善用你寶貴且與眾不同的人生？」這是美國詩人瑪麗・奧利佛（Mary Oliver）最常被引用的詩句之一，儘管她的童年很艱難，但她還是過著自主充實的生活。她在文字的世界裡找到救贖、她的意義和人生中的定位，她透過詩歌創作感動和撫慰人心，給予讀者希望，讓人們接近大自然並接近自己。

這位普立茲獎得主在詩作〈嗡嗡〉（*hum, hum*，暫譯）中描述童年帶給她的創傷，以及她活下去的決定。嗡嗡聲，蜜蜂那不間斷的低鳴，是奧利佛滋養、鼓舞人心的背景音樂；「小得可憐」的蜜蜂和牠們對生命的渴望是她的榜樣。因為，曾經在父母虐待她，母親責怪她並袖手旁觀時，她就是如此般地渺小。在奧利佛的許多詩作中都直接反映出她的痛苦，但她總是把痛苦和活下來的經歷連結在一起：她仍然專注於當下，她選擇生活、愛和與自然為伍，她決定不再當父母的受害者。

在詩作〈火光〉（*Flare*，暫譯）裡，她用了兩段內容來描述父母。她的母親──「當她拖著身驅走過一個又一個房間時，她的生命比鐵還沉重」；而她的父親是「夢想受挫的惡魔」、「不守信用的人」，還曾經「是個貧窮、瘦弱的男孩」並且「運氣不佳」。

「那是他的人生」，她和父親保持著距離，並解釋自己的旁觀不是因為缺少愛或是不難過，而是自己決定離開父母，輕鬆地過人生：「我不會再把他們的枷鎖綁在自己身上。」她帶著有禮、感恩和憤怒等矛盾的心情，祝福父母在地球上的某處一切安好。「但我不會讓他們插手，也不會讓他們同流合污，我的人生操之在我。」

奧利佛知道：真正的自由是為自己成年的人生負責，並超越父母的失敗、不足和對父母愧疚。不再待在受害者的國度，把自己的人生責任都推給父母，把自己永遠束縛在沉重裡，而是決定儘早並且有意識地脫離父母，活出美好的人生。

我總是遇到讓我印象深刻跟感動的人，因為他們就像奧利佛一樣，儘管經歷了痛苦的童年，仍能夠賦予自己生活的意義和方式，在職涯中站穩腳跟，建立伴侶關係或組建家庭。他們都有一個共同點：他們想要自己的生活，他們曾經是受害者，但他們也有幸運；他們或許有一個能支持他的環境，或是一個能滿足他們的嗜好；他們發揮自己的聰明才智、熱情和能力。除了他們的堅毅之外，他們一次又一次把生活掌握在自己手中，讓它朝向想要的方向前進。他們寫自己的故事，即使父母不喜歡其中的文字、句子和章節，有時他們也必須鼓起很大的勇氣和努力走自己的路。

美國作家大衛．特魯爾（David Treuer）就是一個例子。二〇二一年初，在佛羅里達州西嶼（Key West）舉辦的文學節上，特魯爾分享了令人動容的獨立故事。在分組討論的活動裡，他與兩位作家談到，要在不傷害或冒犯身邊人的情況下寫自傳是一件多麼困難的事。

一名年輕的女性觀眾問他：「一個人能離家多遠呢？」

特魯爾接著講述了他祖父在八十三歲自殺的故事。當時，祖父在臥房舉槍自盡之後，祖母要求三十七歲的特魯爾清理一切，把祖父留在房裡的每一滴血，從牆上、地板到床上都清除乾淨。祖母一遍又一遍地說：「就是要看起來像原本一樣好。」幾年之後，他在有關美國原住民生活的《保留區人生》（*Rez Life*，暫譯）一書中，描述自己如何在祖父死後擦拭他的血跡，如何開始憎恨他正在切割的地毯，這張廉價的藍色地毯無法承載他祖父的血液，而他的祖父「他的一切，他的身體、他的自我、他的言語、他的一生——都已沉入地下」。

但是母親和祖母讀到這一段文字時，她們震驚地要求他刪除。但特魯爾拒絕了：「妳們要求我收拾爛攤子，而我現在正在收拾，但是用我的方式。」他寫下祖父自殺的經過以及他自己面對祖父死亡的痛苦，他盡可能幫助他悲傷且沉痛的家人，但他也忠於自己的意志；他不顧家人的反對，決定公開他的回憶以及祖父的死亡。

我們可以不顧家人反對做自己想做的事嗎？我們可以打破家庭的沉默或揭開祕密嗎？我們是否可以用與其他家庭成員不同的方式處理家庭創傷？許多人都在為這些問題苦苦掙扎，他們常常將家庭的幸福置於個人之上，而錯失改變故事的機會。

然而，特魯爾是成熟且完全獨立的大人，他不願順從家人的期待。在西嶼的這個晚上，他找到了最終適用於所有人的明確話語：「我寫我的故事，我過我的人生。」

特魯爾和奧利佛用不同的話語表達同樣一件事：我們可以從父母、他們的想法和責任、他們的規則和規定中抽離出來，而我們甚至必須這樣做，才能自由自主地過自己的人生。

我們的父母越成熟，就越不會因為我們日益漸增的自主權感到被威脅，他們明白，我們做子女的任務是在對家庭忠誠和自主之間找到健康的平衡。而且，如果可能的話，他們也支持和鼓勵我們走這條路。

當然，我們的父母不會同意我們所有的步驟和決定，那是他們的權利。我們也有選擇自己的路的權利。因為只有自己能寫自己的故事，沒有人能決定我們的人生。從某個年紀開始，我們就要為自己的感受、行為和人際關係負責，呵護並愛護自己，設立健康的界線，並與自己和他人保持溝通。

當我們準備好扛起人生的責任時，我們就來到獨立的境界了。走過了漫長、偶爾艱辛的過程，現在我們變成熟了，不再頻頻懊悔地回顧過去。情緒上變得獨立且堅強，帶著勇氣和自信望向前方道路，我們拋開了歉疚感，不再需要誰來拯救自己。我們長大了，可以當自己故事的英雄，我們開始填寫自己的金書。

順便一提：奧利佛在七十六歲臨終前，在她為數不多的訪談中回答了自己打算如何善用寶貴生命的問題，她的答案是：「我已經學會去愛，也學會被愛。這對我來說並不容易，但我學會了把人生看成是獨一無二的禮物。」

我們每個人都有同樣的禮物，它值得我們一次又一次停下來問自己：

「我要如何善用自己寶貴且與眾不同的人生？」

結語

為什麼獨立能改變我們的人際關係，包括與父母的關係

獨立是我們人生最重要的課題之一，因為沒有完全獨立的人不只會陷在與父母的糾結裡，更容易把未解的家庭衝突帶到伴侶、孩子或其他人身上。如果我們解開了與父母的糾葛，其他關係的疙瘩就會跟著減少。

我們越能脫離父母，就能更自主地過自己的生活，面對所有關係也會更加踏實，更有同理的能力。因此，健康地脫離父母獨立對所有關係都有正面影響。

依據這樣的脈絡，家庭系統治療創始人莫雷・包文（Murray Bowen）創造了「自我分化」一詞，他認為這是我們個人發展的核心目標，對於成功的人際關係至關重要。包文認為，分化是一種能力，能在和他人的情感交流中穩定自我。具有高度自我分化能力的人可以與他人親近、相處融洽，卻又不會失去自我或被他人合併。同樣的，他們能接納並尊重其他的意見，也不會感到委屈或孤立。

這一類的人情感成熟，這就是為什麼和他們交流十分自在舒服。他們是強大的人，卻不

會說教或專橫。他們在意的不是權力或主導，而是欣賞、理解他人並與他們合作。

他們能夠區分自己的想法和感覺，這使他們能夠保持行動力。他們能察覺到自己的狀態不佳，並能安撫自己的情緒；他們不操控他人，而是清楚明確地說出自己的需求——他們堅信自己值得被聆聽和回應。面對他人的情緒，他們不會感到愧疚、憤怒或恐懼，而是保持內心的安定。健康的自我界線讓他們能包容和接納別人的情緒，而不是去改變他人。他們既能同理他人，也不會忽略和自己的情感連結；他們適應力強，且不會背叛自己或自己的信念和理想；他們能忠於他人卻不會欺騙自己。

許多的研究都已證實，擁有高度自我分化能力的人，他們的人生比其他人輕鬆許多。他們能禁得起壓力，同時能建立穩定且滿足的伴侶關係。相反的，自我分化能力有限的人會一直仰賴他人的連結、肯定和認同。無論在心理層面或在伴侶關係的穩定度和滿意度上，後者都相對受到局限，他們身上更容易出現焦慮、憂鬱、身心不適、成癮和性功能障礙等問題。

自我分化和健康的獨立是相輔相成的。我們越清楚自己的定位，就越容易成為獨立成熟的大人。

包文認為，一個人的自我分化程度取決於他的家庭，也就是說，父母和祖父母成功地達成個人發展，也就能夠好好地維持與家人的情感聯繫。不成熟的父母既無法成為子女獨立的榜樣，也無法充分支持子女發展自主性。因此，自我分化能力不足的父母也會有把子女父母化的傾向，也就是親子角色顛倒：由於父母無法調節自己的情緒，於是不自覺地希望從孩子那裡得到連他們自己都無法給予自己的情感安慰與關愛，造成孩子的需求沒有人察覺、沒有人反應更無法獲得滿足，反倒是孩子必須同理父母並且回應他們的期待。然而，過度回應父母期待的孩子要付出高昂的代價。如果他們為父母或整個家庭系統的穩定承擔了不屬於他們的責任，他們獨立思考、感受和行動的能力就會被剝奪，如此一來，他們自己的成長和獨立過程永遠會受到阻礙。

不過，透過覺察就能夠打破這種有害的跨世代循環。我希望這本書中的案例能告訴你，即使一開始很難，也能有改變的可能。雖然在小的時候，父母無法給予足夠的情感支持和照顧，長大以後仍然可以透過各種方式來彌補以前的缺憾，也就是讓自己成為自己一直想要的父母；時不時和內在的孩子交流——如果有必要，可以先尋求心理治療協助——以愛心和耐心對待他們、安撫他們。透過每一次和內在小孩相遇、每一次的自我安撫，我們的自我分化程度就會越來越高，這樣就開啟了一個正向的循環。因為我們越知道自己是誰，就會越來越獨立；我們越是獨立，就能成為更好的父母，我們的孩子也更能活出自己。

健康地脫離是父母賦予孩子的一份禮物，但首先父母必須先處理**自己的**脫離問題。因為無論是我們的脫離還是自我分化程度，都是可以共同決定和塑造的過程。

我們都有能力持續成長，能夠一步步建立更成熟的人際關係。不只是和自己、和伴侶及孩子，還包括其他人，最好能和我們的父母一起。

感言

謝謝你們！

感謝每一個願意讓我說出他們故事的個案，我一次又一次地從他們身上學習到，看見每個人都能健康地活出自我。

感謝 Agentur Graf & Graf 的 Franziska Günther，感謝妳大力的支持和陪伴，還有適時的跟進和放手。

感謝 Piper 出版社的團隊，特別是 Anne Stadler 和 Esther Feustel，感謝你們在完成這本書的過程中給我堅定溫柔的支持。

感謝 Christel Konrad, Kirstin Meyer, Ela Hinnenthal, Petra Galas，謝謝你們在試閱各章節時提出的建議和指教。

感謝 Helga Intelmann，謝謝妳幫忙校對初稿。

感謝 Andreas von Borstel，感謝你在回答我的電腦問題時發揮了無比的耐心。

感謝 Norman Späth, Susanne Wendt, Rüdi Reinholz，感謝你們為書名絞盡腦汁，很可惜你

們的最愛還是沒有入選。

感謝 Tini Kilian，感謝妳在討論過程中展現的溫和及包容。

感謝 Gitte Mohr，感謝你的聆聽和陪伴。

感謝 Patrick，感謝你想出了書名，還有你付出的一切。

國家圖書館出版品預行編目資料

不能沒有父母：父母不是你無法獨立的理由，成功脫離依賴，解開束縛，重建健康的愛與連結/珊卓拉．康拉德(Sandra Konrad)著；楊婷湞譯. -- 初版. -- 臺北市：商周出版：英屬蓋曼群島商家庭傳媒股份有限公司城邦分公司發行, 2025.04
面；　公分. -- (生活視野；47)
譯自：Nicht ohne meine Eltern：Wie gesunde Ablösung all unsere Beziehungen verbessert – auch die zu unseren Eltern
ISBN 978-626-390-490-3 (平裝)
1.CST: 親子關係 2.CST: 家庭關係 3.CST: 父母
544.1　　114002582

線上版讀者回函卡

不能沒有父母

父母不是你無法獨立的理由，成功脫離依賴，解開束縛，重建健康的愛與連結

Nicht ohne meine Eltern: Wie gesunde Ablösung all unsere Beziehungen verbessert – auch die zu unseren Eltern

作　　者／珊卓拉．康拉德Sandra Konrad
譯　　者／楊婷湞
責 任 編 輯／余筱嵐

版　　權／游晨瑋、吳亭儀
行 銷 業 務／林秀津、吳淑華
總　編　輯／程鳳儀
總　經　理／彭之琬
事業群總經理／黃淑貞
發　行　人／何飛鵬
法 律 顧 問／元禾法律事務所　王子文律師
出　　版／商周出版
115台北市南港區昆陽街16號4樓
電話：(02) 25007008　傳真：(02)25007759
E-mail：bwp.service@cite.com.tw
發　　行／英屬蓋曼群島商家庭傳媒股份有限公司 城邦分公司
115台北市南港區昆陽街16號8樓
書虫客服服務專線：02-25007718；25007719
服務時間：週一至週五上午09:30-12:00；下午13:30-17:00
24小時傳真專線：02-25001990；25001991
劃撥帳號：19863813；戶名：書虫股份有限公司
讀者服務信箱：service@readingclub.com.tw
城邦讀書花園：www.cite.com.tw
香港發行所／城邦（香港）出版集團有限公司
香港九龍土瓜灣土瓜灣道86號順聯工業大廈6樓A室；E-mail：hkcite@biznetvigator.com
電話：(852) 25086231　傳真：(852) 25789337
馬新發行所／城邦（馬新）出版集團 Cite (M) Sdn. Bhd.
41, Jalan Radin Anum, Bandar Baru Sri Petaling, 57000 Kuala Lumpur, Malaysia.
Tel: (603) 90563833　Fax: (603) 90576622　Email: service@cite.my

封 面 設 計／陳文德
排　　版／芯澤有限公司
印　　刷／韋懋實業有限公司
總　經　銷／聯合發行股份有限公司
電話：(02)2917-8022　傳真：(02)2911-0053
地址：新北市231新店區寶橋路235巷6弄6號2樓

■2025年4月10日初版　　Printed in Taiwan
定價480元

城邦讀書花園
www.cite.com.tw

 ISBN 978-626-390-490-3　電子書ISBN 9786263904880（epub）